I0109617

La Biblia del Vendedor
Alex Dey

Todos los derechos reservados propiedad de Alex Dey y Girón Books.
© 2015

Ninguna porción de este contenido puede ser reproducido sin la autorización expresa del autor y de la editorial Girón Books.

f Dr. Alex Dev

www.alexdey.com.mx
www.gironbooks.com

Para información de ventas escriba a sales@gironbooks.com o llame al teléfono en los Estados Unidos de América (773) 847-3000

ISBN No. 9780991544233

Alex Dey

La Biblia del Vendedor

DEDICATORIA

Dedico este libro a la memoria de mi madre, Estephanía Jiménez quien me heredó el don de hablar en público.

La Biblia del vendedor

Orgullosamente vendedor

¡Qué orgullo ser vendedor! Porque yo y miles de personas como yo construimos este país. El gran maestro carpintero que fabrique la mejor mesa del mundo, no puede esperar que casualmente alguien toque a su puerta queriéndosela comprar; sin mí... moriría de hambre. No importa qué tan bueno sea el producto o el servicio, tiene que ser vendido.

El gran inventor Tomás Alva Edison, tuvo que convertirse en vendedor y hacer su primera instalación en un edificio totalmente gratis, antes de que alguien se interesara en ver su invento: la luz eléctrica. A la gente le horrorizaba la idea de usar el ferrocarril y se rehusaba a usar los automóviles pues creían que a una velocidad de 30 mph la sangre en su cuerpo dejaba de circular.

Somos nosotros quienes hemos evolucionado al mundo, y era tan vital mi profesión en aquellos años como lo es ahora y lo será mientras existan humanos en este planeta... ¡Mi profesión jamás será obsoleta!

He logrado más ganancias para las empresas; he llevado a miles de hogares tranquilidad y comodidad; soy quien ha logrado bajar los precios y aumentar la calidad; he hecho posibles comodidades y lujos como automóviles, radios, televisores, refrigeradores, aire y calefacción para miles de hogares; he curado al enfermo, brindado seguridad al anciano, y logrado educación y empleos para miles de personas, y he hecho que los inventores
trabajen, las industrias produzcan y los barcos crucen los siete mares.

De mí depende que al final de tu jornada recibas tu recompensa para el sustento de tu familia, y que puedas recibir los beneficios de la nueva tecnología, como viajar a la velocidad del sonido en modernos aeroplanos. Soy yo, el vendedor, quien asegura el pan que te alimenta a ti y a tu familia, vendiendo el trigo de los campesinos a los grandes molinos, para después vender la harina al panadero.

Soy el único que en cualquier empresa contribuye a la ganancia, ¡todo lo demás contribuye al costo! Sin mí... las grandes ruedas de la industria quedarían inmóviles: empleos, educación, comodidades y un mundo mejor, serían solamente un sueño irrealizable.

¡Orgullosamente reconozco que soy vendedor!
Y como tal sirvo a mi familia...
A mis hermanos ciudadanos...
Y a mi patria.

Instrucciones: Firmar y leer por veintiún días continuos. El testigo deberá ser una persona muy importante en tu vida.

El contrato irrevocable

El precio de la transformación

EN ESTE DÍA PROMETO:

Iniciar una nueva etapa, hacer más con mi vida, y alcanzar la grandeza que existe dentro de mí y que está esperando ser utilizada.
Hoy dejaré de huir de mí mismo *y ya no fracasaré jamás. Este es el día que por fin tengo el valor de enfrentarme a las circunstancias y los problemas y los venceré uno a la vez. No volveré a tomar el camino fácil.*
Sacrificaré placeres temporales *disciplinando mis apetitos físicos y emocionales para alcanzar excelencia en mis esfuerzos y acercarme a mi meta.*
Alimentare mi mente de información *y mi espíritu de positivismo y entusiasmo, y en mi continua jornada no permitiré que mi mente sea invadida por el ocio, ya que sé que tengo la fuerza de voluntad necesaria para evitarlo.*
Hoy también renuncio a la desidia, *la pereza, la ignorancia, la debilidad de carácter y otros malos hábitos que hunden al ser humano en las tinieblas de la mediocridad y del conformismo.*

Pagaré el precio necesario para alcanzar esta meta, porque sé que el dolor del fracaso es mayor que cualquier sacrificio o trabajo. Sé que al firmar este contrato estoy dando un paso muy importante en mi vida, porque al cumplirlo estaré preparado para continuar con mi siguiente meta y por primera vez puedo comprobar que tengo control de mi destino. Por fin empezaré a ser inmensamente feliz realizando mis sueños y dejaré mentiras y excusas en el pasado.

Ya no me conformaré sólo con limosnas de la vida para sobrevivir. Para triunfar nací y fui diseñado, y hoy sé que las grandes puertas de la felicidad, la riqueza y la tranquilidad se abrirán para mí y para mis seres queridos.

Si no cumplo con este contrato **merezco que la vida me trate como hasta hoy lo ha hecho.**

Alex Dey

FIRMA: _____
TESTIGO: _____

FECHA: _____

VENDER ES DECIR:

Ciertas palabras

De cierta manera

En el tiempo

Indicado

CONTENIDO

PRÓLOGO

FUERA PAJA

Cada vez que empiezo a leer un libro lo primero que veo son los créditos, los reconocimientos de personas que no conozco, las historias del porqué o cómo de ese libro, y en numerosas ocasiones he dejado de leer porque pasan 100 páginas antes de que pueda yo entrar al tema por el cual compré el libro. Aquí nos vamos a ir directamente al grano.

¿Por qué, aunque muchas personas llegan a amasar fortunas gracias a la profesión llamada ventas, la gran mayoría –y es aproximadamente 95%– sólo saca con dificultad el sustento de sus familias?

El buscar la respuesta a esta intrigante pregunta me ha llevado a hacer investigaciones y estudios ayudándome a llegar a las siguientes conclusiones: ¿qué crees que venda más, las técnicas de ventas o el entusiasmo? Recuerda que en ventas se triunfa por inspiración o desesperación, pero te aseguro que más de 70% de los vendedores que andan afuera ahorita, están vendiendo impulsados por la desesperación; y el gran reto con los vendedores hispanos es que son reclutados con anuncios engañosos y cuando menos piensas ya están frente a un gerente de ventas que les dice: —Este es el producto y esta es la calle, ¡y *triunfar!*", y el vendedor sale a vender a su grupo de influencia, es decir a sus familiares, amigos y conocidos formando un círculo vicioso que le es imposible romper después.

Si por casualidad éste fuera tu caso, sonríe, alégrate, entusiásmate porque aquí te voy a dar las técnicas de ventas, prácticas, sin palabras complicadas y que te pueden traer resultados el mismo día que las apliques. Aquí va tu primera lección.

Recuerda que vender es decir siempre ciertas palabras, de cierta manera, al tiempo indicado. O sea que vender es un arte, pero no requiere necesariamente un talento natural como el de un gran cantante que debe de nacer con las cuerdas vocales dotadas, o una bailarina que necesita cierta gracia o flexibilidad en el cuerpo. Un vendedor necesita primeramente seguridad en sí mismo para lo cual te recomiendo el libro *¡Créalo, sí se puede!*

Segunda: Necesita aprender técnicas y esto no lo puedes evitar. Es como si un joven de preparatoria decidiera en seis mese ser un cirujano plástico, ¿te gustaría ser el siguiente paciente de este novato?

Tercera: Un deseo ardiente de triunfo. Y con eso sí se nace. La verdad tú naciste con un deseo ardiente de triunfo, por eso está leyendo este libro. Seguramente eres el tipo de persona que dice no estar satisfecho con los resultados que hasta ahorita le ha traído la vida. Sueñas con automóviles lujosos pero veloces, despertar en una cómoda y atractiva casa que sea el resultado de tu esfuerzo. Si fuera el tipo de persona que quisiera estar tras un escritorio empujando el lápiz de 9 a 5, no estarías leyendo esto ahora. Hablando francamente, nada de esto será posible, tus metas jamás serán hermosas realidades y siempre serán sueños, a menos que estés dispuesto a hacer lo siguiente: trabajar.
Te voy a enseñar cómo emplear la fuerza intensa que pocos saben utilizar.

Regla 1. NUNCA SIENTAS LÁSTIMA POR TI MISMO. JAMAS DIGAS: CUANTO HE TRABAJADO Y QUE POQUITO HE GANADO.

Regla 2. ¿CUANTO DOLOR PUEDO TOLERAR ANTES DE MARCHARME? Todavía recuerdo cuando tenía 25 años, que andaba vendiendo en las calles de Ciudad Juárez, de Guadalajara, de la ciudad de México, de los Ángeles California y de Houston, Texas, con ese deseo de convertirme en alguien grande e importante, con ese deseo que ni siquiera me dejaba dormir. Todavía recuerdo como si fuera ayer, cuando vendía seguros en San Antonio, Texas, que me daban las once de la noche en los lluviosos días de invierno, cuando deseaba inmensamente estar con mi esposa y mis hijos, pero me decía a mí mismo: —Si realmente los quieres, haz otro intento de vender un seguro y me di cuenta de que podía soportar más y más dolor, me refiero al dolor emocional de escuchar el: —¡No! no me interesa, fuera de aquí y decir: —Todavía puedo más, y llegué a formar una coraza que me convirtió en lo que soy; un vendedor, un vendedor sin vergüenza y descarado, o sea cero timidez. Cuando ahora me dice que ¡no!, acepto humildemente y digo —está bien y con cara de inocente los veo, y en voz baja les pregunto: —¿Por qué no? ¿Y, qué crees? Vuelvo a la venta.

Aquí es donde el prospecto probablemente me dará las objeciones y tengo la oportunidad de rebatir y mayores probabilidades de ganar dinero.

Ahora que tengo 38 años de edad, después de haber vivido siempre y educado a mis hijos con puras comisiones, sin jamás haber recibido un cheque de nómina, me he dado cuenta de que las ventas son una hermosa profesión, la mejor pagada del mundo. Pero no creas que al aprender toda la información que contiene este manual vas a ganar fortunas, ya que saberlo es el primer paso. El segundo es el más importante: aplicarlo.

Ganarás dinero en la misma proporción que sepas aguantar el rechazo hasta que lo ames y en la misma proporción al tiempo que dediques a trabajar, y trabajar es: estar cara a cara y rodilla a rodilla frente al prospecto.

Recuerda:
DESEO + TÉCNICAS + FUERZA DE VOLUNTAD = **ÉXITO**

La buena suerte existe; es cuando la preparación y la oportunidad se encuentran.

Este manual te dará la preparación. Indiscutiblemente es, como su título lo menciona, **La biblia del vendedor**. Llévalo contigo a todas partes junto a tus gráficas de productividad y tus reportes diarios por lo menos la primera semana de cada mes y así sabrás si estás fallando en la prospección o en los cierres.

Dondequiera que estés, campeón, me encantaría saber de tu progreso y evolución, Dios ha traído un gran cambio en tu vida y me ha dado el don de la comunicación para transmitir todos estos conceptos de mis seminarios en vivo. Actualmente capacito un promedio de 40,000 personas mensualmente.

En mis seminarios en vivo decenas de miles se capacitan con audio y otros materiales didácticos, pero este manual es la culminación de todos mis programas. Aquí he compactado más información que en ningún otro programa, así que te envío mi apoyo, mi buena vibra y le pido a Dios que te beneficie a ti tanto como me ha ayudado a mí a rascarme de las garras de la pobreza y la mediocridad, para abrirme las puertas de la felicidad, la paz mental y la abundancia.

Cuando termines este manual escríbeme o comunícate conmigo, te mandaré un pequeño examen por correo y si lo pasas te enviaré tu diploma.

De verdad me gustaría saber quién eres y lo que has logrado con esta información.

Mi página de Internet es: www.alexdey.com.mx

Tu amigo de siempre

Alex Dey

LOS CUATRO INGREDIENTES NECESARIOS

I Meta

II Vehículo

III Motivación

IV Un país de empresa libre

Para poder lograr lo que quieres en la vida, debes conocer estos cuatro pasos, que son los ingredientes para establecer una gran reserva financiera.

I Una meta

Tener una meta es lo que marcará el rumbo de tu vida; sin ella sería cosa de suerte que llegarás a triunfar o que llegarás a donde sueñas. Es también la que te dará toda la energía que necesitas para trabajar duro y constante hacia ella.

II Un vehículo

Cuando hablamos de un vehículo no nos referimos a un vehículo motriz, sino a la manera de transportarse de donde uno se encuentra a donde quiere llegar, o sea, un producto o servicio que al venderlo te lleve a lograr tu meta.

Hasta este punto sabes qué es lo que quieres y cómo lo puedes lograr.

III La motivación

La motivación es lo que nutre al espíritu. Las personas que no comprenden esto, son las que se deprimen y abandonan sus sueños, a veces cuando ya están apunto de lograrlo. Parte de la motivación la obtendrás de tu meta, pero tienes que estar consciente de que debes adquirir alguna clase de motivación y para eso recomendamos un buen curso, un libro o algún otro medio.

IV Un país de empresa libre (capitalista)

Si ya has vivido en un país donde no existe la empresa libre (comunismo), sabrás a lo que me refiero. Si no, seguramente no podrás valorizar lo importante que es un nuevo amanecer y el que se abran las puertas de la oportunidad para escuchar tus ofertas y proposiciones comerciales. Aunque tuvieras definidos los tres primeros pasos de los que hablamos, no importaría en lo absoluto si no vives en un país de empresas libre.

Si tienes estos cuatro pasos esenciales, tienes todo lo que necesitas para lograr lo que te propongas en la vida.

CÓMO LOGRAR EXCELENCIA EN EL APRENDIZAJE

I Concepto

II Repetición

III Utilización

IV Internalización

V Reforzamiento

Si ustedes dijeran –quiero ser un gran atleta, un gran deportista, un gran político, un gran cantante, o por supuesto un gran vendedor–, lo primero que te recomendaría es que aprendieras todo lo concerniente a su carrera, pero, ¿cómo se aprende a aprender?

Si sigues estos cinco pasos, podrás aprender cualquier cosa que te propongas: Seguir esta secuencia que estoy a punto de mencionar sería cómo mover los teclados de la computadora de su mente para ingresar cualquier información a su memoria.

I Concepto

Ahora mismo lo están recibiendo. Tal vez experimenten una confusión momentánea al tratar de descifrar esta palabra. Para descubrir la respuesta hay que usar el paso número uno, porque si no lo hacen lo más probable es que muy pronto se olviden tanto de la respuesta como de la pregunta.

La mente humana sólo capta aproximadamente 25% de todo lo que oye, a menos que se use el paso número dos.

II Repetición

En muchas ocasiones aprendemos esto muy tarde: la repetición es la madre del aprendizaje.

Cualquier cosa que repitas varias veces (más de siete), se filtrará hasta su mente subconsciente, la cual la aceptará como propia y se quedará en su memoria por siempre. Al referirnos específicamente a las técnicas de venta por medio de este segundo paso, podemos observar todo el material y hacerlo nuestro. Pero para poder convertirlo en dinero en efectivo, necesitan llegar al tercer paso.

III Utilización

Las personas que dicen: —aumenté tres, cinco, 10 veces mis ingresos, es porque ya han llegado a este paso, el cual, si no se utiliza, es como si no se hubiera aprendido.

La gran mayoría de los vendedores saben mucho más de lo que utilizan.

Ahora ya recibiste información sobre el primer paso, Concepto, o sea, el material informativo tanto de tu producto como la técnica de ventas. Después por medio del paso número dos Repetición, toda esta información recibida se quedará en tu mente y junto con el material, se convertirán en dinero en efectivo al usar el paso numero tres, **Utilización**.

IV Internalización

Y señores, el día que lleguen a ser grande entre los grandes; el día que oficialmente hayan salido de la obscuridad, del conformismo y de la mediocridad, es porque han llegado a este cuarto paso. Ahora el material forma parte de ustedes y de su personalidad, y todas las técnicas que necesiten usar saldrán cuando más las necesiten y de la manera más normal y natural.

V Reforzamiento

Este quinto paso es el que le dará más éxito año con año. Los que no conocen este paso son los que fracasan y luego empiezan otra vez.

El contenido de este paso es:

Los profesionales vuelven a los conocimientos básicos cada año. Esto se refiere a que, al empezar el año, deberán hacer exactamente lo que hicieron cuando empezaron: volver a prospectar tocando puertas si es que así principiaron, usar el directorio telefónico si es que así lo hicieron en un principio.

En otras palabras, deberán hacer de cuenta que están iniciando en su carrera cada año.

EL COMUN DENOMINADOR DEL ÉXITO ES:

Formar el hábito de hacer las cosas que a los fracasados no les gusta hacer.

19

LA PRESENTACIÓN CON ENERGIA ELÉCTRICA

- Introducción

- El ciclo de la venta

- Qué es una presentación

- Como elaborar una presentación

- De qué esta hecha una presentación

- Cuánto tiempo debe durar una presentación

- Preparación preliminar

- Cómo alinear el inventario

- Cómo ponerlo en tus palabras

- Cómo exponer la historia más efectivamente

- Por qué es tan importante la presentación

- Cómo analizar a la competencia

- Preparar tu presentación es un deber

- Cómo usar palabras poderosas en tu presentación

- El vocabulario del vendedor

- Palabras prohibidas para el vendedor

- Evita estos dichos en tu presentación

- La presentación debe ser dramática

- Cómo mencionar el precio en la presentación

- Cómo controlar al prospecto impaciente

- Cuánto debes saber sobre tu prospecto

- Cómo usar muestras en tu presentación

- La calculadora en tu presentación

- Tranquiliza a tu prospecto con un retoque artístico

❖ Introducción

Con el propósito de enseñarla y explicarla mas fácilmente, quise separar la presentación del cierre, e hice un descubrimiento muy importante; ni siquiera para poderlos explicar es posible separarlos, porque como más adelante verás, el cierre principal al momento que se inicia la presentación.

Si alguna vez pensaste que se tiene que usar 95% del tiempo para presentar y 5% para cerrar, estás equivocado, ya que entonces el ingreso que obtendrás será en la misma proporción: trabajarás 95% y ganarás sólo por un 5% de tu esfuerzo. Si eres de los que pensaban que así se emplea el tiempo en la venta, es ahora cuando debes descartar esta idea. Recuerda que se dice para lograr el éxito económico en nuestra sociedad, sólo tienes que saber dominar tres artes, que son:

· **COMPRAR**
· **VENDER**
· **COBRAR**

¿Cuál de estas tres, crees que sea la más difícil dominar? Claro, vender, y para poder dominar el arte de vender sólo hay que dominar estas tres técnicas:

· **PROSPECTAR**
· **PRESENTAR**
· **CERRAR**

❖ El ciclo de la venta

Si puedes captar perfectamente tu ciclo y dominas cada una de sus partes, jamás se agotarán en tu mente los nuevos prospectos, y convertirás a tus nuevos clientes en amigos, lo cual es la base de una nueva carrera de ventas. El conocer el ciclo de ventas también te ayudará a no perder tiempo en prospectos que no pueden comprar, pues estarás precalificando.

Estos ingredientes son:

1. **PROSPECTAR**
2. **PRECALIFICAR**
3. **PRESENTAR**
4. **CERRAR**
5. **REFERENCIAS**

Recuerda, es importante que no cometas el mismo error que el vendedor promedio, que al cerrar la venta se emociona tanto que no pide referencias al nuevo cliente, ya que no sabe que al hacerlo está *reforzando* su venta.

Recuerda también que si usas cada uno de estos pasos, tu venta tendrá una secuencia lógica y cada uno de ellos te llevará al siguiente.

❖ **¿Qué es una presentación?**

Cualquier explicación detallada sobre un producto o servicio y sus beneficios, es a lo que se llama presentación. Tu objetivo como vendedor profesional debe ser desarrollar una gran presentación que incluya estas cinco áreas:

a) Mantener la atención del cliente durante toda la presentación.

b) Explicar clara y adecuadamente y de una manera convincente, qué le estás vendiendo y qué beneficios obtendrá.

c) Establecer con claridad que el producto o servicio que le estás prestando, satisface una o más necesidades

d) Rebatir o contestar toda objeción o pregunta a entera satisfacción del prospecto, para que éste pueda comprar tranquilamente.

e) Hacer que el cliente decida que sí quiere comprar.

Es importante hacer notar que en cada una de estas áreas, el énfasis debe ponerse en el punto de vista del prospecto, en cómo le beneficia hacer la compra. Esto es lo que redundará en la efectividad de tu presentación; así que ponte en su lugar cuando estés diseñándola.

Recuerda que el éxito de tu presentación depende sobre todo de cómo te puedas acercar con tus beneficios a las necesidades del cliente, o sea, qué tanto conozcas de tu producto y cuánto conozcas de tu prospecto para poderlos combinar.

❖ ¿Cómo elaborar una presentación?

Es desconcertante pero real, saber que 20% de los vendedores en este país produce 80% de las ventas. En otras palabras, cada vendedor profesional vende 16 veces más que el vendedor común, y una de las razones más importantes es la manera de presentar sus productos o servicios.

No se trata de lograr entrevistas, se trata de cerrar ventas. Recuerda que por las —casi ventas— no se pagan comisiones, y si no se tiene una buena presentación no se pueden cerrar ventas.

Debemos tomar en cuenta que la venta es un proceso continuo y cada paso cuenta. Para que la presentación sea efectiva, debe estar diseñada profesionalmente, debe ser como le llaman comúnmente —enlatada—. El tener una presentación enlatada no tiene nada de malo, aunque no sea lo que hemos escuchado de otros vendedores, es todo lo contrario. Las grandes estrellas en Las Vegas, Nevada, usan el mismo espectáculo por años; lo único que cambian es el público y dime, ¿no es tu caso también?... o ¿haces la presentación al mismo cliente todo el día?

Ahora vamos a diseñar una presentación profesional sin discutir técnicas de cierre, tema que más tarde tocaremos.

1. **Preparación preliminar.** En este primer paso se trata de hacer un inventario extenso de todas las ventajas y beneficios que ofreces, e investigar los de tu competencia.

Esto determinará exactamente qué vendes.

2. **Alinear puntos de interés.** Aquí verás por primera vez el contenido de tu presentación, para que tenga una secuencia, un orden lógico y sea convincente.

3. **Ponlo en palabras.** En este paso analizas cada punto y lo pones en tus propias palabras usando técnicas aprobadas, haciendo uso al máximo de cada una de tus herramientas y a la vez sabiendo cómo manejar el precio. ¡Haz que cada una de tus palabras venda!

4. **Exponer la historia más efectivamente.** Esto significa inyectar tu personalidad, para brindar más claridad y sencillez, lo cual te da más confianza y control en cada entrevista.

Es importante recordar que la presentación nunca debe de ser técnica, a menos que estés tratando con un técnico. El vendedor que se envuelve tanto en lo técnico, olvida lo que vende.

❖ **¿De qué está hecha una presentación?**

Una buena presentación es una suave y convincente plática conducida de una manera lógica desde la primera frase hasta el cierre de la venta; no debe ser desunida y confusa, sino una sola unidad.

Inclusive la más tranquila y suave presentación debe llevar estos cinco ingredientes o pasos, y cada uno de ellos deberá ser ejercitado antes de llegar al último, el cierre.

1. **Obtener la atención del prospecto.**
2. **Despertar el *interés* describiendo los beneficios.**
3. **Estimular *deseos* por tales beneficios.**
4. ***Convencerlo* de que los beneficios le ayudarán**
5. ***Invitarlo* a tomar parte de la acción y que firme, o sea, que cierre.**

Es importante recordar que, aunque dos o más pasos a veces podrán ser combinados, es mejor que ninguno quede fuera. Varias presentaciones hechas adecuadamente han fracasado por omitir cualquiera de ellos, porque cada uno depende del anterior, y debe ser desarrollado antes de continuar con el siguiente.

Recuerda también que tu presentación deberá ser como pegarle a una pelota de golf: un movimiento continuo y progresivo, y no cambios bruscos a cada paso. Cada uno de los pasos debe inducirte suavemente hacia el siguiente.

Tu presentación debe ser efectiva, que se sienta como si tuviera energía eléctrica, que al mencionar los beneficios todo el que oiga quiera seguir escuchando.

❖ **¿Cuánto tiempo debe durar una presentación?**

Cuando rompas la barrera de la preocupación y obtengas la atención del prospecto, tienes aproximadamente cinco segundos para interesarlo, lo cual es el principio de tu presentación. Ahora, ¿cuánto tiempo tienes para presentar sin que el prospecto pierda interés y se envuelva de nuevo en sus ocupaciones? Hay estudios que muestran que el límite máximo de tiempo para mantener la atención de un prospecto es de 17 minutos. Por lo tanto tu presentación debe ser compacta, bastante completa y muy efectiva. El vendedor promedio emplea solamente tres horas diarias vendiendo cara a cara.

Por eso debemos estar conscientes del valor de cada minuto y no podemos desperdiciar ni uno solo con palabras innecesarias. En consecuencia debemos usar palabras que vendan y expliquen clara y efectivamente.

El tiempo que debe durar cada presentación depende del producto que se está vendiendo. Algunos productos, tangibles o intangibles, pueden ser presentados efectivamente en 2 ó 3 minutos con 250 palabras bien escogidas.

Aquí haremos una observación: recuerda que parte del tiempo debe dedicarse a escuchar al prospecto y a contestar sus preguntas y manejar sus interrupciones inesperadas.

❖ Preparación preliminar

El tener un inventario extenso de lo que vendes te dará más seguridad al estar presentando. De la misma manera, tener información de tus competidores te dará más profesionalismo y más maneras de saber lo que se encontrará tu cliente si va con ella, lo cual te ayudará a cerrar. Por ejemplo: —Señor prospecto, le ruego compare con la competencia y si se encuentra más calidad a mejor precio, le aconsejo lo tome y desharemos nuestro acuerdo. Ahí pasaste al cierre sin presión gracias a que habías estudiado a la competencia. Recuerda que el día que un vendedor lo sabe todo o cree que nació para vender y que ya le sale todo —natural—, es el día que se empieza a despedir de sus ingresos. Hace varios años que las ventas se convirtieron en una profesión y mucha gente no lo sabe aún, una profesión que todavía se está refinando y actualizando de acuerdo a como va desarrollándose el mundo y variando la economía.

Para elaborar un inventario es necesario:

1. Escribir todo lo que puedas recordar de memoria, incluyendo lo que no estás usando.

2. Revisar cautelosamente toda la literatura de tu compañía (folletos, boletines, etc.), para buscar puntos que hayas ignorado o que no te parecieron importantes anteriormente.

3. Si vendes un producto —tangible estúdialo, analízalo físicamente, y si vendes uno intangible, revisa tu contrato para ver qué le encuentras atractivo y de esa manera poderlo usar como herramienta.

4. Preguntar a los vendedores más sobresalientes qué es lo que más mencionan, o qué es lo que ellos notan que a los clientes les gusta más.

5. Preguntar a tus clientes. Recuerda que es posible que ellos hayan estado comprando el producto o servicio antes de que tú lo empezaras a vender, y ya saben lo que buscan.

❖ Cómo alinear el inventario

Si no tienes bien alineado el inventario, habrá puntos de interés que se te olvide mencionar. Acaso no te ha sucedido que al salir de la oficina de un cliente dices:

¡Ah!, olvidé mencionarle sobre X, o si le hubiera mencionado esto a lo mejor sí hubiera comprado.

También, en ocasiones te das cuenta de que no dijiste lo que pensabas mencionar en un principio; por eso debes revisar que tu presentación siempre incluya los siguientes puntos:

1. Atención
¿Le gustaría tener la educación de sus hijos asegurada y garantizada?

2. Interés
Económico, mejor, nuevo, único en el mercado, etcétera.

3. Deseo
Aquí mencionas todos los beneficios y ventajas que puedas recordar.

4. Convicción
Menciona casos, usa testimonios, menciona nombres.

5. Cierre
Repite brevemente todos los puntos de mayor interés (sin usar las mismas palabras para evitar ser monótono). Menciona el precio y da por hecho que ya compró sin esperar aprobación. Si tienes problema con el cierre, consulta la sección —Objeciones, que posteriormente encontrarás en este manual.

En otras palabras, hay que:

1. Presentarse con el cliente.

2. Captar su atención.

28

3. Interesarlo.

4. **Hacer que desee tu producto.**

5. **Convencerlo.**

6. **Invitarlo a tomar la decisión (cierre).**

Pero cuidado, estos puntos parecen ser más sencillos de lo que son, ¡no te confíes! Y no dependas de tu mente para recordarlos; debes de ponerlos por escrito y estudiarlos muy bien.

❖ Cómo ponerlo en tus palabras

Recuerda que la presentación es una historia que vas a repetir una y otra vez, no debe oírse estudiada sino muy natural. Principia por leerla en voz alta mencionando los asuntos de mayor interés usando tus propias palabras y utiliza estos cinco puntos:

1. **No principies ni muy motivado ni muy técnico**
   De una manera tranquila menciona al cliente lo que puedes hacer por él, no le hables del precio todavía.

2. **Invita al cliente a participar**
   (Con preguntas) ejemplo: —Es muy importante estar bien informado en tiempos como los que estamos atravesando, ¿verdad?

3. **Menciona lo que vas a enseñar o a explicar**
   Para que el cliente sepa esperar o buscar, y así estimules sus preguntas.

4. **Sé breve**
   Una presentación no debe ser muy larga pues puede ser aburrida. Procura que sea corta y ten la habilidad de extender cualquiera de los temas en que el cliente muestre más interés.

5. **Espera el momento indicado para iniciar**
   Si por alguna razón no puedes principiar con lo que tenías

planeado, inicia con un beneficio, por ejemplo: —¿Le gustaría invertir unos minutos y beneficiarse por varios años?—

Y recuerda, una vez que hayas demostrado el producto al cliente y sientas que tu presentación fue correcta, no la cambies más. Habrás encontrado entonces la presentación que te llevará a donde has fijado tus metas. Logra las más que puedas al día y verás que no es cuestión de suerte que las cosas que siempre soñaste lleguen hacia ti.

❖ Cómo exponer la historia más efectivamente

Debes entender que el éxito de tu presentación no sólo depende de las técnicas que utilices, sino también de tu habilidad para contar la historia, ya que para cada vendedor una nueva presentación es una actuación que hace para un público exigente; un nuevo y severo juez que debe darle su aprobación.

La primera impresión que causas debe ser buena, ya que los primeros segundos de tu presentación pueden hacerte la venta. El prospecto principia a analizarte en el momento que te ve por primera vez, y para el momento en que te saluda y cruza contigo la primera frase, ya tiene una opinión sobre ti. No permitas que tu presentación empiece con un punto menos a tu favor; pon atención a estos detalles:

1. **Que tu apariencia sea impecable.**

2. **Escucha con atención su nombre y menciónaselo durante la presentación.**
3. **Demuestra confianza en ti mismo y compórtate de una manera natural (no sobreactúes).**

Ten cuidado, no confundas la confianza en ti mismo con la arrogancia. Para mantener la misma imagen con el prospecto durante toda la presentación, toma en cuenta estos detalles:

Sonríe para establecer comunicación.
Una sonrisa es la primera comunicación con el prospecto, pero ésta debe ser sincera (lenguaje corporal).

Sé cortés.
Si traes sombrero quítatelo, no fumes; ignorar la cortesía es una falta de respeto.

Sé diplomático pero con autoridad.
Cuando surja una plática que no tenga nada que ver con la venta, aprende a manejarla con diplomacia y vuelve a tu presentación.

Honra al prospecto con técnicas.
Pide su consejo. Al hablar te puede dar sus motivos para comprar. Acuerda con él, muestra respeto por sus opiniones (sin verte falso). A todos nos gusta que se nos escuche.

Repite sus palabras.
Toma cada oportunidad que puedas para usar sus palabras, si él lo dice tendrá que aceptar al cerrar la venta.

❖ **¿Por qué es tan importante la presentación?**

¿Qué pasa cuando usas un producto muestra (tangible) para vender? La gente lo toca, lo analiza y luego lo pones en tu portafolio, en tu carro, etcétera.

¿Qué es lo que le pasa a ese producto con el tiempo? Se deteriora. Lo mismo pasa con tu presentación; al pasar los días ya no mencionas lo que mencionabas en un principio, ahora dices algunas cosas diferentes porque se te hace monótona e insípida, y lo único que estás haciendo es deteriorarla, tal como le pasa al producto muestra, y las ventas empiezan a decaer. Recuerda que tu presentación necesita mantenimiento. Para mantenerla viva debes analizarla cada 30 días e incrementarla cada 90 días. No la cambies, sólo incluye nuevos beneficios.

Existen vendedores a quienes se les deteriora tanto la presentación, que se les olvida mencionar qué es lo que venden. Tal es el caso de una viejecita que llegó a una mueblería a comprar un aparato de calefacción. Uno de los vendedores se le acercó, la saludó y luego le dijo: —Vaya, que suerte la suya, precisamente acabamos de recibir un lote de aparatos de calefacción, por ejemplo, el que tiene su termostato. Después de 45 minutos de mencionarle de controles dúo térmico, la inducción automática y todos los factores de cómo trabajaba la calefacción se dirigió a la viejecita y le dijo: —¿Alguna pregunta? Ella contestó: —Sólo una, ¿alguna de esas cosas protegerán del frío a una viejecita?

Como puedes ver, hay vendedores que usan 10 minutos para presentar y en lugar de cerrar, vuelven a comprar.

Es importante saber que lo que se vende no es el producto, es el beneficio.

Ejemplo: Al vender una pluma

— ¿Le gustaría nunca volver a mancharse una (atención) camisa y jamás romperse las bolsas de su saco? (interés)

—Tenemos tres colores, punto fino, más durables, económicas. (deseo)

—Mi vecino arruinó una camisa de 35.00 dólares por ahorrar un centavo, eso es cuidar los centavos y descuidar los pesos, ¿verdad? (convicción)

—Hay quien pierde un negocio por no traer una pluma, ¿verdad? ¿Lleva un paquete de 10 o de cinco? (cierre)

❖ ¿Cómo analizar a la competencia?

El profesional debe saber tanto de su competencia como de su propio producto, pues las técnicas de cierre pueden ser más efectivas cuando conoces a la perfección lo que tu competidor ofrece. Al referirte a tu competencia siempre hazlo profesionalmente y haz un buen comentario de ellos, porque de otra manera el prospecto sentirá que ha cometido un error al haberle comprado a la competencia y no le podrás vender, ya que no deseará cometer el mismo error.

Al analizar a tus competidores hazte cinco preguntas:

1. ¿Cuántas empresas venden mi producto o servicio?
2. ¿Venden ellos un mejor producto o servicio?
3. ¿A qué precio venden?
4. ¿Están clasificados como mejores o peores?
5. ¿Ofrezco mejor calidad?

Y recuerda que es obligación del vendedor tener toda la información sobre la competencia.

Otra cosa importante es que cuando te refieras a la competencia, haz saber al prospecto que ha hecho una buena elección, pero que está a punto de hacer una mejor.

❖ Preparar tu presentación es un deber

En ocasiones, los artistas de Las Vegas, Nevada, presentan el mismo espectáculo por varios años y lo hacen por una sencilla razón: cambian el público. De esa manera tienen un espectáculo profesionalmente diseñado con el que ya han comprobado que triunfarán, y la razón por la que no caen en la monotonía aunque hagan lo mismo noche tras noche, es porque cada noche es un nuevo reto, por ser un nuevo público. Y es allí cuando surge el nerviosismo.

Al igual que el artista, el vendedor profesional diseña su presentación palabra por palabra, y se pone nervioso cada vez que la expone, aunque ya tenga años en ventas, porque comprende que el nerviosismo es lo que le dará más agilidad mental y no le permitirá caer en la monotonía (el estar nervioso es normal, que se te note es mortal). El profesional diseña su presentación como un libreto, y esto le ayuda a no perder el control cuando surgen interrupciones inesperadas. Puede desviarse sabiendo exactamente donde se quedó y dónde continuar.

Al seguir estas instrucciones, cada palabra trabajará como debe; tu presentación será corta pero impactante, efectiva y con energía eléctrica, ya que está hecha desde el punto de vista del prospecto. Y recuerda, —cuando puedas ver por los ojos de Javier descubrirás lo que Javier desea obtenerll. Una presentación bien preparada, tendrá el mismo impacto en la mañana, en la tarde, en la noche, o después de la décima presentación del día, sin importar el estado de ánimo en que te encuentres o tu agotamiento físico y mental. Después de todo, tu prospecto no tiene la culpa de cómo te sientas.

❖ **Ventajas al preparar tu presentación**

1. Mientras preparas personalmente tu presentación, aprenderás todo sobre lo que estás vendiendo y cómo deberá ser vendido.
2. Te asegurarás de cubrir los puntos importantes en cada entrevista, de esta manera no olvidarás mencionar información que puede ser vital.
3. Harás el mejor uso de cada minuto y le darás un movimiento lógico y convincente.
4. Tus palabras serán escogidas cuidadosamente para crear el máximo impacto y persuadir.
5. Tendrás la confianza que da el estar bien preparado.
6. Los prospectos respetan al vendedor que demuestra con hechos y que se ha tomado el tiempo y el esfuerzo necesarios para preparar su material.
7. Una presentación organizada te permite controlar la entrevista, para llevar paso a paso al prospecto hacia el cierre.

Recuerda que al estar bien preparada la presentación, evitas problemas imprevistos para los cuales tal vez no tengas la respuesta.

Cuando escuches a un vendedor quejarse cuando lo interrumpen en su presentación, ya sabes el porqué (no tiene un libreto), por eso no permitas que nadie te desaliente de tener una presentación —enlatada.

❖ Cómo usar palabras poderosas en tu presentación

Recuerda que al —penetrar debes pintar con tus palabras en la mente del prospecto una fotografía detallada del producto, resaltar sus ventajas y sus beneficios. Usa estos dos pasos para que puedas dar más impacto a tu palabras.

- Haz una lista de todas las características de tu producto y trata de describirlo de varias maneras usando sinónimos.

- Apunta las palabras con más colorido, con más impacto, palabras vitales que induzcan a tu prospecto a crear una fotografía mental que le permita visualizar cómo lo espera el beneficio de tu producto.

Es importante hacer notar que no usarás todas las palabras en el mismo párrafo, pero ahí estarán para cuando necesites evitar la monotonía.

Pongamos ahora un ejemplo: el producto es aceite y quiero explicar los beneficios que yo considero más importantes, que en este caso son las partes de la maquinaria donde se va a usar. Para impresionar al prospecto usaré las siguientes palabras que he preparado.

—Señor prospecto, el aceite que le ofrezco no es sólo un buen aceite, es un lubricante que penetra hasta en las partes más pequeñas de su máquina, forma una película resbaladiza entre cada parte movible y cada parte que tenga contacto; hace que cada rueda dé vuelta suavemente y con la regularidad de un reloj. La baja densidad de este aceite y su viscosidad hacen que sea perfecto para el uso de su máquina—.

—Cada molécula de este aceite está diseñada para darle una mejor lubricación a su maquinaria. Señor prospecto, para lubricación general, para aumentar eficiencia y reducir fricción, no hay mejor aceite que el mío, ¿le ordeno 10 o principia con cinco?—

❖ El vocabulario del vendedor

Estas son la palabras que psicológicamente ha sido comprobado que venden más. Úsalas al elaborar tu presentación y tendrás más efectividad:

Comprobado	Salud
Garantizado	Dinero
Asegurado	Nuevo
Amor	Descubrimiento
Resultados	La verdad
Comodidad	Orgullo
Ganancia	Merecer
Confiar	Valor
Diversión	Vital
Tu	Garantía
Ventaja	Beneficios

Y recuerda:

No es cuando firme	Es cuando lo apruebe
No es el enganche	Es la inversión inicial
No es el pago mensual	Es Inversión mensual
No es el contrato	Es el acuerdo
No es cuando compren	Es cuando sean dueños
No les vendemos	Les ayudamos a conseguir
No es una ganga	Es una buena oportunidad
No es el precio	Es una inversión total

❖ Palabras prohibidas para el vendedor

Estas son las palabras que más daño hacen a una buena presentación y psicológicamente causan una mala reacción en el prospecto.

Trato	Costo
Pago	Contrato
Firmar	Probar

Intentar	Preocupar
Pérdida	Lastimar
Comprar	Muerte
Mal	Vender
Vendido	Precio
Enganche	Decisión
Difícil	Dificultad
Obligación	Responsable
Fracaso	Responsabilidad
Negligencia	Fracasar

❖ Evita estos dichos en tu presentación

Como comentábamos anteriormente, menciona las palabras indicadas y tienes la venta, menciona las palabras erróneas y no habrá venta. La presentación es un proceso continuo, y cada paso o cada palabra pueden causar el éxito o el fracaso de la venta.

No caigas en el error de muchos vendedores promedio que aprenden frases en su casa, en la escuela o en la calle y las hacen parte de su vocabulario. A veces se acostumbran tanto a ellas que no se dan cuenta de que las usan y después se preguntan en dónde fallaron.

Aquí encontrarás algunas de estas frases, y estoy seguro de que existen otras más. Tómate el tiempo de agregarlas a esta lista para que te asegures de eliminarlas de tu vocabulario.

Así es la cosa

Ese no es mi departamento

Hay que tomar las cosas como vienen

Qué le vamos a hacer

El producto se vende solo

Pues no creo que se pueda

A ver qué pasa...

En cuanto pueda me comunico a la compañía

Las cosas van de mal en peor, a dónde iremos a llegar

Y cuándo tocaremos fondo

Estas y muchas otras frases *se* pueden convertir en parte de tu vocabulario si no estás alerta. Es importante que sepas que siempre tienes que ser positivo. La mayoría de la gente vive quejándose de las circunstancias por muy buenas que sean y tus clientes no son la excepción. Por lo tanto, no debes permitir que te contagien su actitud negativa.

❖ **La presentación debe de ser dramática**

Una presentación es una actuación, por lo tanto puede ser dramática. Hasta un producto común y corriente puede ser dramatizado, por ejemplo, ¿cómo puedes dramatizar una pieza de pan?

Un vendedor de pan que tenía una ruta donde había varios restaurantes de renombre, llegó con un prospecto nuevo y para hacerlo su cliente le dijo que le iba a demostrar que el pan que vendía era mejor que el de la competencia porque se mantenía más fresco, más blando y con una textura increíble en el centro. Para demostrarlo, le dijo al prospecto que lo viera, luego sacó un machete, y para obtener el máximo valor dramático no inició hasta preguntarle, ¿está listo?

El dramatizar una demostración ayuda de esta manera:

• Causa una impresión más grande en el prospecto, el cual recordará estos puntos tiempo después.
• Agrega importancia a tu producto o servicio.
• Ayuda a distinguir tu producto y presentación de otras que el prospecto haya visto.
• Ayuda a crear y mantener el interés en un nivel alto.

Sin embargo, ten cuidado de no hacer el elemento dramático de tu presentación tan intrigante que tu prospecto olvide qué es lo que tratas de comprobar.

❖ Cómo mencionar el precio en la presentación

El valor debe justificar el precio.

Lógicamente, tu trabajo es convencer a tus prospectos del valor real de tu producto o servicio. La gente está dispuesta a pagar caro si se le demuestra que está comprando algo que vale. Si estás vendiendo un producto que es de más calidad y por lo tanto más caro que el de la competencia, aprovecha cada oportunidad que tengas para describir sus ventajas y beneficios de una manera que justifique la diferencia en precio; luego vende sólo ese porcentaje. Ejemplo:

El vendedor de la compañía Robles y Asociados, al presentar su máquina toma dictado (que viene siendo la más moderna, la más actualizada), menciona que tiene 1530 partes de precisión. ¿Por qué? Porque eso ayuda al prospecto a comprender que por eso hace lo que hace, y por eso vale lo que cuesta.

Cuándo mencionar el precio.

El tiempo adecuado para mencionar el precio depende de ti. No hay ni existe ninguna regla fuerte y rápida que diga cuándo mencionar el precio en una entrevista. La mayoría de los vendedores prefiere mencionarlo después de que claramente demostró el valor, y otros prefieren mencionarlo varias veces en su presentación.

Los vendedores que representan un producto de —etiqueta grandel, prefieren mencionar el precio claramente al principio en lugar de sorprender al prospecto al final. Si después de mencionar el precio se dan cuenta de que éste va a ser un problema, sabrán la intensidad que necesitan utilizar al mencionar los beneficios, ventajas y calidad del producto. De la misma manera prometen disminuir el precio, y demostrar que el producto vale cada centavo y proceden a hacerlo. En los casos que el precio es bajo y un buen factor de venta, conviene mencionarlo al principio junto con otros beneficios.

Tenemos entonces que el tiempo adecuado depende de ti.

Planea mencionarlo cuando tú creas que es el momento adecuado, pero, ¡planéalo!

❖ Cómo controlar al prospecto impaciente

Siempre te encontrarás con el prospecto impaciente que te preguntará el precio antes de que estés listo para mencionarlo. En esas situaciones debes posponer la cotización y debes hacerlo sin dar la impresión de que lo estás ocultando. Aquí aprenderás frases simples que los profesionales usan para evitar discutir el precio prematuramente, por ejemplo:

1. Con mucho gusto le digo el precio en un momento. ¿Me permite esperar hasta que lleguemos ahí?

2. El precio depende de la cantidad, el estilo, el modelo y otras cosas, por ejemplo: este tiene... y sigues mencionando beneficios.

3. Sería un poco precipitado mencionárselo ahora, ya que depende también de la forma de pago. ¿Va a pagar en efectivo? Aquí puedes aprovechar para cerrar, usando el cierre —puerco espín, o sea, contestas pregunta con pregunta, ¿este es el que mejor resuelve sus necesidades? o, ¿este es el que le interesa?

Y ahora les platicaré una anécdota. Después de mencionar el precio de una póliza de vida, un vendedor de seguros recibió esta contestación del prospecto: —Está muy cara, a lo que él contesto: —Tengo otra póliza que cuesta la mitad, pero solamente cubre dos semanas al mes, ¿cuáles dos semanas quisiera asegurar?

❖ Cuánto debes saber sobre tu prospecto

• Según el doctor Morris Fraizier:

• El corazón de su prospecto latirá en las próximas 24 horas 103,689 veces.

- Sus pulmones inhalarán 23,240 toneladas de oxígeno.

- Su circulación sanguínea habrá recorrido 168,000 millas.

- Consumirá 3.5 libras de comida.

- Ejercitará 7 millones de sus 9 billones de células cerebrales.

- Hablará 4,800 palabras de las cuales 3,200 serán sobre algo relacionado con él y ni una sola de esas palabras sobre ti o tu producto.

Esto sucederá a menos que tú te encargues de despertar su interés y logres hacerlo parte tu producto. Al conocer a tu prospecto te estás acercando más y más a sus necesidades, y nunca pienses que porque es lógico que compre, comprará. Debes comprender que los humanos compramos más por cuestiones sentimentales que por lógica.

Para captar mejor los sentimientos del prospecto, debes desarrollar un termómetro psicológico que te indique las variaciones emocionales del cliente por medio de movimientos, expresiones, sonidos o cualquier señal afirmativa o negativa que exprese sin hablar.

❖ Cómo usar muestras en tu presentación

La ventaja que ofrece vender un producto tangible, es que puedes usar tus muestras para vender, y al mostrarlas al prospecto automáticamente despiertas su apetito hacia ellas. También pareces más convincente y el producto mismo te ayuda a vender. Dice un proverbio: —Una imagen dice más que mil palabras. Aquí encontrarás unos puntos que te ayudarán a sacar los mayores resultados a las muestras durante tu presentación.

1. Si tienes una gran variedad de muestras, separa solamente las que veas que servirán más a las necesidades de tu prospecto.

2. No muestres muchas.

3. Usa solamente muestras perfectas que estén en una condición impecable.

4. No permitas que el prospecto tenga las muestras en sus manos porque con ellas se distraerá de lo que estás diciendo.

5. Adjunta a cada muestra cualquier información como: estilo, número de modelo, precio, colores, para que el comprador pueda identificarlos bien.

6. Sigue persistentemente a cualquier prospecto que le hayas dejado una muestra.

❖ La calculadora en tu presentación

El vendedor profesional siempre deberá tener a la mano su equipo de trabajo, entre otras cosas, su calculadora, ya que todos los humanos tendemos a pensar que nos podemos equivocar. Sin embargo, si es la calculadora la que hace la operación, nos sentimos más seguros.

Siempre verifica dos veces tus números; eso le mostrará al prospecto cuán cautelosamente rectificas tus cálculos y pensará que así debes ser en todas tus costumbres, lo cual te ayudará a que deposite su confianza en ti.

Al terminar de hacer algún cálculo muéstraselo, por ejemplo: —Son 3 500, menos 1 500 nos quedan 2 000, ¿verdad? (Mostrándole la calculadora).

Es importante que los números de tu calculadora sean grandes y claros, y no dependas de una calculadora de energía solar, ya que si no hay suficiente luz para activarla, no te servirá.

❖ Tranquiliza a tu prospecto con un retoque artístico

Con un poco de actuación se puede suavizar al prospecto más determinado que te dice: —el precio es lo más importante. El material que necesitas para preparar esa escena es papel y lápiz, por ejemplo:

Ya intentaste algunos cierres primarios y el cliente te tuvo con la objeción del precio; es en ese momento cuando hay que dar principio a la escena. Supongamos ahora que vendes un producto de $1 000.00 que tiene un período de vida de cinco años.

Sube la cortina... saca tu lápiz y principia a calcular en voz alta... —a ver, cinco años son 60 meses... divididos entre $1,000.00 son $16.67 al mes... Aquí tiene, señor Rodríguez, sólo esto le costaría al mes disfrutar de... (Mencionas beneficios).

Otra manera de hacerlo es invitando al prospecto a actuar. Dale el papel y el lápiz, y le dices: —Señor Rodríguez, lo que le estoy ofreciendo es excelente y se lo voy a demostrar. ¿Me ayuda...? A ver, son cinco años... 60 meses... y al terminar le dices: —Muy buena compra, ¿verdad? Cierras la venta y se cerró el telón.

PROSPECTANDO EN VOLUMEN

Introducción

Cómo prospectar sin referencias

El ciclo de la inconformidad

La técnica —el huerfanito

La técnica —el avance técnico

La técnica —el periódico

La técnica —el grupo de intercambio

Qué es la barrera de la preocupación.

1. El obsequio muestra

2. Referencias

3. Un cumplido honesto

4. Despertando la curiosidad

　　· Cómo prospectar aun siendo perezoso

　　· Cómo manejar al prospecto —sabelotodo

❖ Introducción

Es en la prospección donde la gran mayoría de los vendedores se quedan y no crecen solamente por no saber cómo. Aquí aprenderás algunas técnicas de cómo prospectar sin referencias, y cómo prospectar por teléfono para que te sea más práctico. Lo puedes escuchar en el *casete* titulado Cómo *prospectar por teléfono,* pero aunque aprendas todas las técnicas del mundo, todavía necesitarás la tenacidad y el valor de poder prospectar en frío.

Recuerda que el vendedor está desempleado a menos que esté frente a un prospecto precalificado.

Un problema muy común entre los vendedores es que empiezan a crecer y en lugar de ver más prospectos nuevos, se envuelven totalmente en brindar servicio a los clientes ya vendidos, sin saber que están frenando su desarrollo. No te voy a aconsejar que abandones a tus clientes establecidos puesto que son los que te traerán más prospectos en el futuro, pero sí te voy a sugerir que apliques la regla número uno en prospección, ¡un asistente de vendedor!

Un asistente de vendedor es una persona que se encargará de hacer todas las labores que tú necesitas hacer, como cartas, llenar papelería, llamar a clientes establecidos para brindar servicio y todas las actividades que te privarán de estar prospectando.

Ocupa una secretaria o un aprendiz de vendedor, al cual posteriormente podrás promover. Recuerda que debes invertir en tu carrera para poder crecer.

Existen tres tipos de prospectos:

1. El primero es el que está de acuerdo con todo lo que dices, pues no piensa comprar; por eso no te pondrá objeciones (este es uno de los peores).

2. El segundo no hace preguntas, ni responde a las tuyas, no muestra emociones, porque no piensa comprar (el peor).

3. El tercero es el que tiene mil objeciones y preguntas (este el mejor).

Bien, ahora que ya cuentas con una presentación profesional debes estar seguro de que es efectiva y por tanto funcionará la mayoría de las veces.

El siguiente paso es conseguir a las personas a las que vas a hacer tu presentación, ¿verdad? Pues en este capítulo no sólo encontrarás la técnica para iniciarte con los prospectos, sino que también aprenderás cómo tener siempre prospectos de sobra que nunca se terminen. Recuerda que el prospecto es esencial en tu carrera. Si no tienes la manera de conocer prospectos nuevos a diario seguramente fracasarás, como tantos vendedores comunes que en lugar de formarse el hábito de conocer nuevos prospectos a diario, se dedican a venderles más a los clientes o sólo a vender a prospectos con referencias, es decir, recomendados, y caen en las garras del conformismo.

La secuencia debe ser esta:

· **EXTRAÑO**
· **PROSPECTO**
· **CLIENTE**
· **AMIGO**

Si nunca olvidas esta secuencia, nunca te faltarán prospectos nuevos, porque tus amigos se encargarán de enviártelos.

La mejor y más rápida manera de hacerse rico en esta profesión es prospectando en un nivel alto, o sea, buscando prospectos de alto nivel. No pienses que porque tu prospecto es una persona con éxito va a ser un tirano; normalmente entre más alto llegas en una empresa más tratable es la gente. Te darás cuenta de que no tienen esa actitud por su posición, sino que tienen esa posición por su actitud.

❖ Cómo prospectar sin referencias

Debes estar consciente de que al prospectar sin recomendación vas a trabajar un poco más y cerrar menos, por el simple hecho de que tus prospectos no van a estar muy bien calificados. El calificar un prospecto es lo esencial al prospectar, aunque para ser franco si eres principiante o tienes un producto nuevo, toda presentación que hagas aunque no vendas es lustre, y tú necesitas todo el lustre que puedas obtener. Primeramente debes aprender a calificar al prospecto. Aquí tienes los puntos básicos que debes saber sobre él.

1. **Empleo**
2. **Estado civil**
3. **Número de hijos**
4. **Producto que actualmente compra (Muy importante)**

Si averiguas qué producto compra ahora sabrás qué venderle; si sabes qué empleo tiene sabrás cuánto debe ganar, y si tu producto se relaciona con la familia ahí tendrás la respuesta también.

Es importante estar consciente de que es más fácil y más productivo venderle a prospectos recomendados, así que debes tener presente que estás empezando en frío y que todo lo que necesitas es presentar a uno y aunque no le vendas obtendrás recomendaciones. No te desmoralices si las primeras veces no cierras. Recuerda la regla número 1 en ventas: no todo el mundo va a comprar.

❖ El ciclo de la inconformidad

Todos los humanos tenemos un ciclo de la inconformidad. Por ejemplo, compramos un auto nuevo y en un par de años nos entra el ciclo de la inconformidad (a veces mucho antes). Ese flamante, veloz y confortable automóvil de antes, ya no es sino un bulto de lámina con cuatro ruedas y ¿qué pasa?, empezamos a ver otros automóviles, a asomarnos a las agencias de automóviles nuevos. Cuando recién compramos nuestra casa es muy bonita, muy amplia, muy cómoda, pero pasa un tiempo y, ¿qué pasa?, la misma casa ya no se ve tan bonita, tan amplia, tan cómoda y nos llega el ciclo de la inconformidad. Tenemos entonces que cambiar los muebles, agregarle un cuarto más o hacer algo que la haga verse diferente; ese es el ciclo de la inconformidad.

Al igual que con las casa y los coches, los humanos hacemos lo mismo con otras cosas, y entre una de esas cosas debe estar seguramente el producto que tú vendes; debe tener un ciclo de la inconformidad y es tu deber averiguarlo.

La gente no compra lógicamente, compra emocionalmente. Una y otra vez leerás esta frase, y si tengo que repetirla mil veces lo haré, porque como profesional debes saberlo. Cuando identifiques el período de la inconformidad de tu producto, sabrás que la hora de vender es un poco antes de que le llegue el ciclo a la persona, ya que en ese momento sus emociones están adecuadas y predispuestas.

Para determinar el ciclo de la inconformidad de tu producto, tal vez tengas que dedicar un día completo a investigar. Aquí presentamos cómo debe hacerlo, por ejemplo, un vendedor de automóviles:

Primero toma los archivos de la compañía y llama mínimo a unas 10 personas, especialmente clientes activos. Así que nuestro vendedor de automóviles, Rodrigo Rodríguez, toma el archivo de un cliente que compró un automóvil hace ocho meses y se dispone a llamar: —¡Buenos días señor Martínez!, habla Rodrigo Rodríguez de la agencia de automóviles donde compró su modelo hace ocho meses; queremos saber si está usted satisfecho con él.

— ¡Claro!, me encanta el automóvil y trabaja muy bien.
—Me da gusto señor Martínez. Estoy conduciendo un estudio de mercado para proyectar las ventas del año próximo, ¿me podría contestar un par de preguntas?
—Sí, dígame.
— ¿Es el primer automóvil que compra con nosotros?
—No, compré uno hace cinco años.
—Y antes de ése, ¿que carro tenía?
—Tenía de otra marca, que también compré nuevo pero a los tres años lo vendí porque no salió bueno. Y antes de ese carro manejaba uno que me regaló mi padre.

— ¿Ya vio el nuevo modelo cómo viene?, con tablero digital y con asientos de piel, aparte de que con ese automóvil viene un plan de financiamiento fabuloso.

— No, no lo he visto.

— ¿Le gustaría que le enviará un folleto con toda esa información y una fotografía del automóvil?

— ¡Claro!

—Muy bien, ¿su dirección es Avenida Principal todavía?

—Todavía.

—Inclusive me queda rumbo a mi casa, ¿se lo podría llevar en la tarde como a las seis?

De esta conversación podemos deducir que en un período de nueve años, ha comprado tres automóviles. ¿Cuál es entonces el período de la inconformidad en este caso? ¡Tres años!

¿Se fijaron en los pasos? Primero yo le dejé saber que tenía información de él, que sabía cuánto tiempo ha tenido el producto. Debes hacer varias llamadas y concentrarte en los que ya está en el ciclo de la inconformidad.

❖ La técnica "el huerfanito"

Toda compañía, siempre y cuando tenga un grupo de vendedores, tendrá rotación de personal, ¿de acuerdo? Los vendedores que se van de las empresas, ¿qué es lo que dejan atrás?… Huerfanitos.

Por muy pocas ventas que haga un vendedor al renunciar en una compañía, lo cual sucede mucho, deja atrás clientes a los que ya no les va a dar servicio y, ¿quién va a adoptar a esos huerfanitos? El hecho de que el vendedor haya renunciado no significa que los clientes no necesiten servicio. Están esperando que alguien vaya y los adopte. Están contentos con el producto y con la compañía, pero de pronto los abandonaron.

Si tú les ofreces comprensión, les brindas servicio y demuestras tu profesionalismo, no hay razón porque no se vayan contigo. Esos son clientes sin recomendación pero calificados, ¿sabes por qué? ¡Porque ya compraron!

Empleando esta técnica, un vendedor de seguros revisó todos los archivos de clientes que no pudieron seguir pagando sus pólizas y las habían cancelado, en otras palabras, los —pobres que nadie se interesaba en ellos, y les vendió un seguro que se llama —TERM, el cual les ofrecía la misma cobertura al 10% del valor, que aunque no acumulaba ahorro, era seguro. Tal idea lo hizo millonario.

Para adoptar un huerfanito es necesario comprender un factor muy importante; hay tres maneras para hacer contacto y estas son: carta, teléfono y visita. Pero, ¿cuál es la manera más fácil de rechazar para el prospecto? La carta.

Este consejo va dirigido a todos los que venden en el mercado comercial o industrial, especialmente un producto de etiqueta grande. Cuando quieran hacer contacto con un gerente de planta que toma la decisión de comprar un producto de esa magnitud, nunca lo hagan por carta, ya que pueden estar seguros de que todos los días es bombardeado con cientos de ellas que le ofrecen diferentes productos y servicios. ¿Sabes dónde terminan todas esas cartas? Sí, en la basura. Y cuando le hables, ¿sabes cuál será la típica respuesta? ¡Está en junta! Pero, ¿qué es lo más difícil de rechazar? *El cuerpo humano,* por eso ve a verlo personalmente.

Cuando haces una visita personal para adoptar un huerfanito, te enteras de muchos detalles que pueden ser valiosos. Por ejemplo: si vendes copiadoras y te das cuenta de que la copiadora que están usando es antiquísima y ocupa mucho espacio, pero el prospecto no sabe el ciclo de inconformidad y planea usar toda la vida esa máquina, de ti depende hacerlo consciente de dicho ciclo, mostrándole el equipo nuevo, sugiriéndole que al tenerlo lo puede deducir de impuestos, etcétera.

De nosotros depende que el público se actualice, que esté al día en los últimos inventos, que sepa las ventajas tanto del financiamiento como de los descuentos. Recuerda que somos nosotros los que mantenemos la industria trabajando y las fábricas produciendo.

Así que ahora vayan a sus oficinas, saquen de los archivos esos huerfanitos que los están esperando.

❖ La técnica "avance técnico"

Sabemos que los humanos compramos más emocionalmente que lógicamente. Cuando compramos un automóvil nuevo, ¿qué pasa al año siguiente? ¿Necesitamos otro? ¿Ya no sirve el que tenemos? ¡No!, la verdad es que emocionalmente necesitamos otro y buscaremos todas las razones posibles para justificar que sí lo necesitamos.

La técnica que explicaremos la puedes usar con cada uno de los clientes a los que ya les has vendido. Ellos también quieren tener el mejor y más moderno de tus productos. Por eso cada vez que tu producto o servicio tenga un avance técnico, llama a todos tus clientes y actualízalos. No importa si les acabas de vender.

Por lo tanto, debes mantenerte informado de todos los avances técnicos de tu producto. Ahora que sabes cómo lo puedes explotar, úsalo y hazlo parte de tu inventario de técnicas de prospección.

Recuerda que si no usas esta técnica, estás cayendo donde la mayoría de los vendedores están hoy en día; se están convirtiendo en toma órdenes.

Antes, cuando entrabas a una tienda de departamentos, un vendedor profesional te informaba sobre todos los beneficios del producto que querías, te explicaba, te guiaba, te aconsejaba y, como es natural, te cerraba la venta. Ahora la mayoría de las tiendas tienen toma órdenes; los vendedores te atienden como si te estuvieran haciendo un favor, porque compres o no, ellos ganan, ya que son asalariados en la mayoría de los casos. Y eso no solamente lo vemos en tiendas de departamentos; hay varios productos donde te encuentras con —vendedores que te sirven de mal gusto y no están bien informados, por lo tanto su servicio es pésimo.

❖ La técnica "el periódico"

El vendedor profesional tiene un hábito, leer el periódico. Me supongo que la mayoría de los vendedores lo leen, pero el profesional no se interesa en los problemas del mundo en la primera página, ni en las catástrofes, asesinatos, ni en todos esos problemas que sólo traen depresión. El profesional busca en el periódico maneras de incrementar su negocio, de encontrar clientes potenciales. ¿Saben por qué? Porque hay miles de personas que de alguna manera u otra están diciendo, ¡necesito ayuda! Por ejemplo:

Promociones. ¿Se han puesto a ver cuántas personas reciben algún tipo de promoción en su empresa, en su negocio o en su profesión? ¿Por qué no enviarles una tarjeta de felicitación junto con el recorte de periódico? ¿No se alegrarían de verlo? ¡Claro!, Y si después levantas el teléfono y les llamas, con gusto recibirán la llamada y podrás hacer una cita para venderles.

Otro buen ejemplo es el de un jugador que recibió una buena promoción o una oferta y se está cambiando a tu ciudad para residir y entrenar ahí. ¿Qué es lo que va a necesitar?, una casa, un automóvil, un seguro y varias otras cosas más. En sociales, ¿cuántos recién casados salen a diario? ¿Qué necesitan? ¡TODO!

Es por eso que de hoy en adelante leerás el periódico a diario en busca de nuevos y potenciales prospectos, ya que es una magnífica manera de hacerlo.

Y recuerda cuando llames mencionarle a esa persona que la viste en el periódico, y automáticamente tienes la entrevista.

❖ La técnica "el grupo de intercambio"

Existe un refrán que tiene mucho contenido y es muy conocido, —dime con quién andas y te diré quién eres. Con esta fabulosa técnica te voy a comprobar cómo rodeándote de las personas indicadas siempre tendrás nuevos y precalificados prospectos. Esta técnica es muy usada por profesionales como doctores, licenciados, contadores, etc. y, ¿saben cómo nació?, con los auto cinemas. ¿Te has puesto a pensar qué pasa con ellos durante el día? Bueno, pues alguna persona con una mente creativa, intentó hacer de ellos un centro de intercambio y fue todo un éxito. Algunos le llaman *pulga* otros *flea Market*, etc., y han nacido varios millonarios de ese concepto.

Bueno, nosotros vamos a hacer lo mismo que estos mercados con nuestros prospectos. La técnica grupo de intercambio consiste en intercambiar prospectos con otros vendedores que no estén en el mismo ramo que el tuyo. Por ejemplo, si tú vendes seguros necesitas a alguien que venda automóviles, ya que te vas a rodear de puros vendedores profesionales que manejan automóviles de modelo reciente. También necesitas a alguien que venda casas y a otro que venda otro producto totalmente diferente. ¡Pero eso sí!, sin importar qué sea lo que necesites, debes rodearte de puros profesionales.

Para localizar a tu grupo de profesionales llama a la empresa del producto que te interesa, habla con el gerente de ventas y dile que necesitas un vendedor de los más capaces que tenga, para invitarlo a una reunión de donde sacará varios prospectos, Debes estar seguro de que te contactará con el mejor.

Existen unas reglas del grupo para encontrar al grupo de profesionales que necesitas:

1. Reunirse un día entre semana.
2. Debe ser por la mañana, antes de horas hábiles.
3. Nunca llegues tarde o te perderán el respeto.
4. Tú paga la cuenta.
5. Los prospectos intercambiados deberán ser de la misma categoría que el vendedor (no le des un prospecto de 1 centavo al vendedor de casas).
6. Deberán visitar a los prospectos intercambiados.

Estas son las seis reglas básicas para que funcione un grupo de intercambio. Debes seleccionar muy bien los vendedores de tu grupo y analizarlos perfectamente bien, ya que si uno de ellos es negativo lo tienes que reemplazar inmediatamente o él se encargará de desintegrar a tu grupo. Necesitas gente positiva que esté llena de entusiasmo, ya que de esta manera se creará una energía estupenda y una magnífica tormenta de ideas. Y recuerda que cuando dos mentes se juntan una tercera acude al llamado.

En un principio tú tendrás que poner la muestra llevándole dos prospectos a cada uno. Todos deberán llevar mínimo dos prospectos, pero no los fuerces mucho y si no los tienen de todas maneras deja que vayan a las reuniones. A lo mejor estando ahí estimulan su memoria y recuerdan algunos prospectos.

Algo en lo que debes de tener mucho cuidado es en constatar que todos visiten a los prospectos intercambiados. De otro modo, tu grupo se puede desintegrar. Y recuerda que así es como trabajan los profesionistas: el doctor recomienda al licenciado de su grupo a su cliente, y el licenciado al ingeniero, el ingeniero al dentista, etcétera.

❖ **Qué es la barrera de la preocupación**

Aunque no lo admitamos, la visita de un vendedor, aun con cita, casi siempre es una interrupción para el prospecto, y generalmente cuando esa interrupción ocurre él no te demuestra que está molesto; simplemente sigue pensando en otras cosas que para él son más importantes que ese momento, y su mente no está en ti ni en tu producto.

Entonces, ¿cuál es tu trabajo como vendedor? Hacer que el prospecto deje de pensar en sus preocupaciones y se concentre en tu producto. Eso es la —barrera de la preocupación–, y tu labor es romper esa barrera y penetrar con tu tema.

En este segmento aprenderás cómo romper la barrera de la preocupación por medio de cuatro técnicas comprobadas que son:

1. **Obsequio muestra**
2. **Referencia**
3. **Un honesto cumplido**
4. **Despertar la curiosidad**

Si te aprendes estas técnicas, tendrás cuatro maneras comprobadas para romper la barrera de la preocupación, y así poder establecer el *puente de interés.*

1. El obsequio muestra

El obsequio muestra es algo que debe desconcertar al prospecto para que deje de hacer lo que está haciendo y se concentre en lo que tengas que decir. No olvides que lo que debe decir el prospecto con la mirada cuando uses el obsequio muestra es... —dime más. Por ejemplo:

Conozco a una persona que cargaba un libro con las páginas en blanco que se titulaba Cómo vender sin trabajar, y que llegaba a la oficina del prospecto, se lo ponía en las manos y le decía, —¿qué le parecería aprender el contenido de este libro? Con esto lograba que por unos segundos se hiciera un profundo silencio, que el prospecto dejara todo lo que traía en la mente y no tuviera otra alternativa que poner toda su atención para contestar.

Otro vendedor que trabajaba en el ramo de artículos de plomería llegó a visitar a un cliente llevando una llave de agua que le quería vender en grandes cantidades (ya era un buen cliente), en una caja metálica dorada. Lo saludó y se sentó a platicar de todo menos de las llaves, hasta que la curiosidad del cliente fue mucha y le preguntó: —¿Qué tienes en esa caja dorada?

Como puede verse, la técnica del obsequio muestra es una buena manera de romper la barrera de la preocupación.

2. Referencia

La mayoría de las empresas tienen una persona cuyo trabajo es no dejar pasar a los vendedores. ¿Sabes quién es? ¡Claro! La secretaria. Para esas ocasiones la técnica que te mostraremos es excelente; hay varias maneras de usarla:

La primera es que la persona que te dio la referencia llame y haga cita por ti. La segunda es que te dé su tarjeta y que atrás escriba el nombre del prospecto. No permitas que trate de venderte escribiendo algo; que solamente escriba el nombre del prospecto. La tercera es que llegues con la secretaria y le digas: —El señor Rodríguez, que es amigo de su jefe, está tan entusiasmado con una nueva idea para incrementar su negocio, que me hizo prometerle que iba a venir a hablar con su jefe. ¿Me permite? Cuando por fin estés frente a él le dices lo mismo. —¿Me permite unos minutos para explicársela?, creo que también a usted le ayudará de la misma maneral (esto lo dices al mismo tiempo que te diriges hacia una silla).

No temas decirle que aumentarán las ganancias para su empresa. Recuerda que en ventas nos dedicamos a aumentar o disminuir, o sea, aumentar negocios o disminuir problemas.

Otra forma es pedir cartas de recomendación, de las cuales debes hacer un pequeño archivo, ya que eso muestra estabilidad de tu parte y te sirve para cerrar. Además, la persona que está dispuesta a darte una carta de recomendación, también te puede dar una recomendación hablada; me refiero a que diga algo placentero en tu grabadora de —bolsillo, tema que trataremos más en detalle posteriormente.

3. Un cumplido honesto

Un cumplido siempre es bien recibido, sobre todo si es honesto. Esta técnica normalmente abre las puertas, siempre y cuando la aprendas a manejar bien, y es una de las excepciones en que las técnicas de venta se aplican a todo vendedor. Si sientes que no va con tu personalidad no la uses, pero haz el intento. Por ejemplo, puedes decir:

¿De qué es ese trofeo que tiene en su escritorio?
¡Qué buen gusto tiene para escoger corbatas!
Muy bonito escritorio. Le agradezco me haya permitido
unos minutos de su ocupado tiempo.
Tan temprano y ya trabajando.
A la secretaria cuando te pase a hablar con él:
"Gracias, señorita".

Estas son sólo algunas de las muchas maneras como
puedes hacer un cumplido a un prospecto; las que veas que
son mejor recibidas síguelas usando. Pero ten cuidado; no se
elogia a la persona sino a la acción.

4. Despertando la curiosidad
En este caso puedes usar una frase o una acción que
despierte la curiosidad del prospecto para romper la barrera
de la preocupación y establecer el puente de interés.
Recuerda que lo que pretendes lograr con todas estas
técnicas, es obtener la atención del prospecto, veamos
algunos ejemplos:

Cuando estaba frente a un prospecto, un vendedor de vidrio,
para comprobar la resistencia de su producto, decía: —Voy a
golpear este vidrio con el martillo y verá que no se quiebra!.
Con esta acción lograba su propósito, ya que el prospecto no
podía quitar sus ojos y su mente de él. Esto logró destacar a
este vendedor, y un día el gerente de ventas le preguntó qué
hacía para vender tanto. Él le comentó su secreto y tiempo
después todos los vendedores hacían lo mismo, sin
embargo, el vendedor seguía vendiendo más. Cuando le
volvieron a preguntar él contestó, —porque ahora le doy el
martillo al prospecto para que él lo quiebre.

A todas las personas que lean este libro se les obsequiará
una televisión a color. ¿Lo creen? No, ¿verdad? Pero quieren
saber más, y ese es el punto al que quiero llegar: hacer que
el cliente diga, —dime más.

Un vendedor, cuando iba a ver un prospecto importante, le

enviaba un telegrama diciéndole que iba a estar en su oficina a una hora determinada. El prospecto se intrigaba y por curiosidad lo recibía (creativo).

Otro vendedor estrella les decía a las secretarias: —Si adivinas qué traigo en la mano (escondiéndola atrás) te invito a cenar esta noche, y la secretaria un poco más sarcástica le contestaba:

—Un hipopótamo, y él decía: —Bastante cerca, paso por ti a las 7:00 de la tarde.

Otro vendedor más que ya había tratado de ver a un cliente cuatro veces y el prospecto no lo atendía, le empezó a dejar sus tarjetas con el número de intentos que había hecho. Esto despertó la curiosidad del prospecto por conocer a alguien tan persistente.

Y recuerda que cualquiera de estas estrategias te ayudará a romper la barrera de la preocupación y establecer el puente de interés.

❖ Cómo prospectar aun siendo perezoso

Para prospectar sin hacer mucho esfuerzo:

1. **Envía a cada cliente una tarjeta de agradecimiento.**
2. **Resuelve los problemas inmediatamente.**
3. **Regresa las llamadas inmediatamente.**
4. **Cumple lo que prometes, "la razón principal de una buena reputación de ventas".**
5. **Contacta a tus clientes periódicamente y observa su ciclo de la inconformidad.**

Éstas son algunas de las razones del porqué algunas personas logran riquezas en la vida, mientras otras no sacan ni el sustento de su familia.

Ustedes no son empleados, no dependen de una compañía para nada; ustedes son hombres de negocios, concientícenlo. A los que sigan estas técnicas les prometo que establecerán un negocio que aunque quieran no podrán detener.

Repasemos la lista de técnicas:

1. **Ciclo de la inconformidad**
2. **Encontrar un huerfanito**
3. **Hábito del periódico**
4. **Grupo de intercambio**

❖ **Cómo manejar al prospecto "sabelotodo"**

Seguramente te habrás encontrado con el tipo de prospecto que cree saber todo. Pues bien, esta técnica viene siendo una buena manera de iniciar tu presentación y de tranquilizarlo. La puedes usar cuando te encuentres con el clásico prospecto —inteligente que te dice:

— ¡Todos los vendedores dicen lo mismo!
— ¡Con tal de vender, prometen todo!
—Sí, pues usted qué ha de decir.
— ¡Todos los vendedores son mentirosos!
—Ya sé lo que me viene a ofrecer, pero no lo compraré.
— ¡De antemano le digo que ya sé a lo que viene, y que no me venderá!

Es aquí donde la mayoría de los vendedores que no están preparados pierden su venta antes de hacer su presentación.

Con esta técnica, harás caer al prospecto —sabelotodo en su propia trampa. Veamos un ejemplo:

Puedes decirle: —Señor, antes de que empiece en realidad a hablar y antes de que yo inicie un gran discurso de ventas, permítame mencionarle algo; realmente con mi producto podría vender a todas y cada una de las personas a quienes se lo presento, si no fuera por tres razones:

1. **Algunas personas no entienden lo que les explicamos.**
2. **Otras no creen lo que les explicamos.**
3. **Y otras, desgraciadamente no *pueden* comprarlo.**

Y esa, francamente, es la verdad. Si no fuera por estas tres razones, todos obtendrían nuestro producto. Sin embargo, ten cuidado de no romper el tren de pensamiento deteniéndote en este momento, o de lo contrario la trampa no funcionará. La pausa debe de ser espontánea y natural.

Podemos decirle algo como: —Señor cliente, ya que veo que es una persona con bastante experiencia, no le voy a dar a usted un gran discurso de ventas o algo semejante. Simplemente le daré a conocer lo más básico, sólo le mencionaré lo más importante y le ayudaré a obtener el mejor precio posible. ¿Qué le parece? Bastante justo ¿verdad?

En este punto es donde deberás iniciar tu presentación mencionando los beneficios más impactantes, y no deberás esperar su aprobación o su permiso para comenzarla.

Esta técnica de pre demostración te ayudará en varios aspectos, ya que indirectamente le has mencionado al prospecto que si no compra es porque es un tonto que no puede entender, que te está considerando un mentiroso por no creerte o que lastimarás su ego al insinuar que no puede comprar.

Esta técnica también te permitirá hacer tu presentación, a la vez que le das a entender al cliente que no serás fantasioso ni elaborado, sino que más bien manejarás una línea básica y fundamental de hombre a hombre: —tómelo o déjelo. Con esto lograrás evadir la famosa objeción de —lo pensaré y tal vez recibirás un no, pero lo más probable es que si tu presentación fue buena, recibirás un sí.

OBJECIONES... SOLUCIONES

· La definición de objeción

· Los tipos de objeciones

· Los dos no y un sí

· Los seis pasos para rebatir

· Coloca el zapato en su pie

· Tengo que hablar con mi padre, socio, hijo, tío, etc.

· Regresaré

· No compraré por el entusiasmo por el momento

· Francamente, ¡nada más estamos viendo!

· Ahora no puedo, porque tengo muchos gastos

· Tengo años comprándole a mi primo

· Simplemente... ¡no le voy a decir hoy!

· Está muy caro el producto.

· Tengo que pensarlo.

· ¡No tengo tiempo de atenderlo, llevo prisa,
No puedo escucharlo!

❖ La definición de objeción

Hemos llegado al tema más importante de nuestra profesión: las objeciones, ya que gracias a ellas existe nuestra carrera. Si no existieran las objeciones, entonces los vendedores seríamos solamente levanta pedidos y ganaríamos como tal. Pero, ¿qué es lo que hay atrás? Es la suplica de tu prospecto que te dice ¡dime más!

¿Te has puesto a pensar que sería casi imposible ayudar a un prospecto a obtener algo a menos que te dé algún tipo de objeción?, ¿sabes por qué? Bueno, pues esta es la realidad:

Si es lo que quieren; si es lo que están buscando; si verdaderamente es lo que necesitan, y todo está perfecto. ¡No van a comprar! Nadie va a comprar a menos que sienta un reto; a menos que se oponga un poco y sea convencido, no tanto por el simple hecho de oponerse, sino más bien para después estar seguro de que ha hecho una buena decisión. Es precisamente ésta una de las situaciones a las que más teme el ser humano y nuestro deber como vendedores profesionales es guiarlos por el camino correcto.

❖ Los tipos de objeciones

Las objeciones son entonces los pasos para lograr la venta. Es como subir una escalera; sería imposible hacerlo si no tiene escalones o peldaños, ¿verdad? Así es la venta; cada una de las objeciones que rebates es un paso más hacia arriba que da tu prospecto, y al llegar, ya es dueño de tu producto.
Las objeciones menores son solamente reflejos que usa el prospecto para espaciar el proceso de la venta y tener más tiempo de pensar y reflexionar.

Cuando le haces una presentación a una pareja, ¿qué es lo que pasa cuando uno de ellos empieza a mostrar interés? ¿Qué es lo que empieza a hacer el otro? Empieza a actuar negativamente y presentar todo tipo de objeciones ¿por qué siempre se tiene que resistir uno de ellos? ¿Será que no tienen tu producto? Entonces, ¿por qué aceptaron hablar contigo e invertir tiempo?... ¡No!, la verdad es que solamente quieren espaciar el proceso de la venta, y antes de que los lleves al cierre quieren estar seguros de que has cubierto los puntos de mayor interés.

Tal vez puedas notar las emociones de la señora, pero él jamás te lo hará saber. Ambos quieren el producto, y si pasas la pequeña prueba de rebatir sus objeciones menores, pasarás a las mayores y la venta... ¡será tuya!

La otra clase de objeciones, o sea las mayores, son las objeciones reales. Una objeción es una razón válida por la que no comprarán.

Una objeción real es, por ejemplo: —Me gustaría comprar el auto que me ofrece, pero no puedo manejar porque padezco epilepsia, o —comprendo que me está ofreciendo su mejor precio, pero francamente no tengo el dinero para comprar.

Sin embargo, no siempre una objeción es real y debes conocer la diferencia. Algo que debes aceptar como profesional es que si no existe una OBJECIÓN REAL y no compran, es tu culpa.

Todos los que leen este material representan un producto o un servicio de calidad, ¿verdad? Y hacerlo llegar a su cliente es benéfico, ¿verdad? Pues quisiera saber por qué la gran mayoría de los vendedores no permiten que la gente se beneficie. Yo amo esta profesión porque ha sido mi vida entera, porque ha traído satisfacciones al por mayor a mí y a los míos. Sin embargo, he comprobado con tristeza que existen vendedores que cada vez arruinan más la reputación de esta profesión, ¿sabes por qué? Por no darle a la gente lo que necesita y, ¿sabes por qué no?

❖ Los dos no y un sí

¿Sabes por qué no le dan a la gente lo que necesita?... por cobardía, porque a la primera objeción que pone el cliente, se desmoronan y se sienten desmayar. Y lo peor es que estos vendedores no se dan cuenta de que no son sólo ellos los que pierden, aunque también se perjudiquen, sino que quienes pierden más son sus familias, sus empresas y, más importante aún, ¡el público en general! Esa persona que viene hacia a ti con una necesidad, con un problema que está en tus manos resolver, a quien tanto puedes ayudar con los beneficios de tu producto, ahora se ha ido con las manos vacías para no volver jamás.

Ahora, te quiero hablar a ti que estás leyendo este manual, a ti que has prometido ser el mejor en tu empresa: **¡espero que te decidas a que hoy sea el día que jamás vuelvas a tambalearte en la cuerda floja de la cobardía!**

Este es el día que por primera vez aprenderás las técnicas de cómo rebatir una objeción, las refinarás y las harás parte de tu experiencia y de tu habilidad.

Y recuerda que el vendedor gana según sus habilidades y talentos.
El profesional cree en dos *no y un sí.*
El primer *no* es: *No discutas con el cliente.*
Cuando el cliente te diga por ejemplo:
—Me gusta el producto pero está muy caro.
Tranquilízalo antes de rebatirlo, ya que de otra manera se convierte en
discusión.
Ejemplo: —Comprendo... pero dígame, ¿le interesa más ahorrar que la calidad?

El segundo no es: No *contradigas sus emociones.*

Vamos a analizar estos dos no.
En el primero no discutas con él, porque si ganas la discusión tu estás bien y el está... ¡mal! Y al hacerlo sentir mal, automáticamente estás peleando con sus emociones y debes saber que las emociones definen las áreas de interés.

Condúcelo a contestar su propia objeción para obtener un sí. Al escuchar una objeción debes pensar: —Debo inducirlo a contestar su propia objeción. ¿Me crees que la mayoría de los prospectos actúan con puras objeciones —reflejo?, o sea, sin pensar. Por ejemplo:

— ¡La vida está muy cara! No.
—Ahora no puedo, los tiempos están muy difíciles.
—Sí, se ve que el producto es bueno pero ahora no puedo.

Y en una tienda de departamentos:

—Sólo estamos viendo.
—No estoy listo para comprar, sólo tenía curiosidad y quería información.

¿Cuántos de ustedes, cuando se acuerdan de su trabajo, sienten una inquietud causada por las objeciones de sus clientes o tienen pesadillas con las objeciones que escuchan la mayor parte del día? Pueden ser frases como estas:

— ¡Está muy caro!
— ¡Lo quiero pensar!
— ¡Lo consultaré con mi esposa!
— ¡Lo puedo conseguir más barato!
— ¡No, gracias ya tengo uno!

Tal parece que los prospectos toman algún curso de objeciones y las usan a la perfección, pero si dedicas el tiempo necesario para aprender las respuestas a las objeciones más comunes y los pasos para rebatirlas que a continuación encontrarás, notarás que son como pastillas para dormir y todas las noches dormirás como un bebé.

❖ **Los seis pasos para rebatir**

Los primeros pasos para rebatir una objeción son:

1. Escúchalo
Toma tiempo para escuchar a tu prospecto. Deja que te haga saber todas sus objeciones y ten cuidado de no cometer el error de muchos vendedores, que apenas empieza a hablar el prospecto lo interrumpen creyendo que ya saben lo que va a decir, ya que así sólo consiguen irritarlo.

2. Regrésala

Para manejar la situación es necesario que sepas que, en la mayoría de los casos, el mismo prospecto contesta sus propias objeciones. Lo importante aquí es que lo sepas regresar al tema para que tenga que explicar más en detalle su objeción, y al hacerlo te dé más información y tengas más armas para rebatirlo. Ejemplo: Prospecto: ¡El precio es ridículo!

Vendedor: ¿Qué el precio es ridículo?

3. Lo interrogas

Al interrogarlo (como más adelante lo demostraremos) el prospecto se verá forzado a explicar más en detalle su objeción. En otras palabras, tendrá que decirte más sobre el tema para que realmente puedas decidir qué camino tomar.

4. Le contestas

Algunos de ustedes pensarán que esto es lo más difícil, pero más adelante les voy a enseñar cuatro pasos fabulosos para que puedan contestar los cuatro tipos de objeciones que hay. Si los toman y los aplican a su producto o servicio, cuando les mencionen estas objeciones hasta van a sonreír.

5. Confirma la respuesta

Aquí puedes usar la técnica de confirmar la pregunta similar a la del cierre. Por ejemplo:
— ¿Y eso contesta su pregunta, no cree?
— ¿Eso aclara ese punto, verdad?

6. Por cierto

Estas (por cierto) son las palabras que usarás para ligar con un cierre.
Ahora todo lo que tienes que hacer es estudiar estos seis pasos y luego pasar a estudiar las respuestas a las objeciones.

❖ Coloca el zapato en su pie

Esta es la primera técnica para rebatir objeciones. A lo que me refiero es a que con esta técnica harás que tus prospectos tomen una decisión aparte, por ejemplo, en la venta de una máquina copiadora. Supongamos que la velocidad en esta máquina es importante, y la objeción del cliente es:

Prospecto: Teníamos una de las suyas antes, pero no era muy rápida y perdíamos mucho tiempo.
Vendedor: Señor Rodríguez, ¿me podría hacer un favor? Por un instante imagine que es el gerente de mi empresa y sabe que tenemos un problema con la rapidez del copiado, ¿qué haría usted?

Prospecto: ¡Pues incrementaría la velocidad de la máquina!
Vendedor: ¡Eso es exactamente lo que hicimos!

Otro ejemplo:

Prospecto: No nos interesa trabajar con su empresa porque cuando se descomponía el equipo no nos daban servicio y cuando más necesitábamos al vendedor, no lo encontrábamos.

Vendedor: Tiene usted toda la razón y lo comprendo, pero, ¿me podría hacer un favor? Por un instante imagine que usted es el gerente de nuestra empresa y que tiene un vendedor que no
ofrece servicio de calidad a sus clientes, ¿dígame qué haría usted?

Prospecto: ¡Lo despediría!

Vendedor: ¡Eso es exactamente lo que hicimos!

Si un cliente se queja de que el vendedor no le da servicio y nos dice —la única vez que lo vi fue cuando vino por el cheque, ya que cuando lo he necesitado no lo he podido localizar, y sucede que ese vendedor del que hablan es

67

ahora el gerente, ¿qué harías? Esto es lo que debes hacer:

Vendedor: Señor cliente, comprendo cómo se siente, pero por un instante póngase en el lugar del director de mi empresa… Si usted tuviera un vendedor con una habilidad increíble, un talento muy especial para vender, pero por su misma habilidad no tuviera tiempo de brindar el servicio que sus clientes merecen, ¿qué haría usted?…

Lo más probable es que conteste, ¡le conseguiría ayuda! Y con una voz suave le contestas, —precisamente eso hicimos.

❖ **Tengo que hablar con mi padre, socio, hijo, tío, etcétera**

Cuando un cliente te dice: —Pues sí me interesa el producto, pero tengo que hablarlo con mi padre puedes responderle. —Permítame preguntarle algo, y por favor dígame la verdad ¿siempre le pregunta a su papá cuando quiere comprar algo? Aquí, sin esperar respuesta, continúas con la segunda pregunta, —¿y su papá le pregunta a usted antes de comprar algo? Aquí haces una pequeña pausa y vuelves a mencionar un resumen breve de las ventajas y beneficios que ofreces.

Algún otro cliente puede decirte: —Necesito hablar con mi socio. En este caso, puedes rebatirlo diciéndole, ¿por qué siente que tiene que platicar con alguien? Usted tiene ahora toda la información sobre las ventajas y beneficios del producto que está frente a usted y que habla por sí mismo, mientras que su socio no la tiene, puesto que no está aquí. ¿Qué le preguntaría usted a él que usted no conozca ya, a menos que se trate de una cuestión financiera? Aquí guardas silencio hasta que hable y él mismo te diga la verdadera objeción, de modo que puedas rebatirla y la venta sea tuya.

❖ Regresaré

Veamos ahora un ejemplo de cuando el cliente le dice que regresará:

Vendedor: ¿Cuáles son las probabilidades de que regrese? En la escala de uno al diez, ¿qué tan probable es que regrese usted?

Cliente: Regresaré:

Vendedor: Dígame, ¿realmente piensa regresar?

Cliente: ¡Claro!

Vendedor: Entonces formulemos el pedido (empiezas a caminar para que te siga) y mañana cuando regrese, puede traer la inversión inicial. Después de todo tengo lo más importante (te quedas viendo fijamente a sus ojos) que es su palabra, ¿verdad?

Cliente: Regresaré.

Vendedor: Bien, no es necesario que regrese a firmar el pedido, lo voy a formular y mañana paso y se los llevo a su casa, de esa manera le ahorraré el viaje hasta aquí.

Cliente: Regresaré.

Vendedor: Dígame, ¿francamente regresará?

Cliente: ¡Claro!

Vendedor: Magnífico, ¿cómo a qué hora? Muy bien, confío en usted y para demostrarle cuánta fe le tengo le voy a (te quitas el reloj) prestar mi reloj para que esté consciente de la hora en que nos vamos a ver mañana, ¡sé que usted regresará!

Aquí el prospecto se sentirá incómodo y no querrá llevarse tu reloj por lo que tendrás la oportunidad de saber cuál es la objeción real y la podrás rebatir fácilmente (usa un reloj barato).

❖ No compraré por el entusiasmo del momento

En este caso puedes decirle a tu cliente: —Tiene usted razón, pero si usted entrara a mi oficina o tienda antes de que yo le hiciera mención de todas las ventajas y desventajas del producto, y me dijera que lo quería comprar, yo consideraría que me lo iba a comprar por el entusiasmo del momento y sinceramente no se lo vendería, porque sé que después se arrepentiría. Yo prefiero no vender que recibir una cancelación, pero dígame, ¿comprende bien todas las ventajas y las desventajas?. Aquí espera su reacción y cualquiera que sea su respuesta (sí o no), podrás darte cuenta de cuál es la objeción real.

Recuerda que el silencio al rebatir la objeción es sumamente importante, tanto como el silencio en la pregunta cierre.

Después puedes continuar diciéndole: —Comprendo, sé que a usted le gusta mi producto, ¿verdad? (espera su reacción al preguntar). Le diré lo que voy a hacer, la ventaja de obtener mi producto es que... y usted se beneficiará porque... (Aquí haces un resumen de las ventajas y beneficios usando sinónimos para que no se oiga monótono). Y usted acordó que mi producto es el que necesita, ¿verdad? Su dirección es...

❖ Francamente, ¡nada más estamos viendo!

Cuando un cliente te sale con esta respuesta, esto es exactamente lo que se debe hacer: —Pero, ¿le gusta a usted mi producto? ¿Verdad que la reputación de mi empresa es excelente? Sin embargo, usted quiere seguir viendo, ¿no es así? Le diré cómo lo puedo ayudar, en dos semanas usted ya habrá visto otras compañías y otros productos, ¿verdad? Bueno, formulemos el pedido (y empiezas a llenarlo), nos da la inversión inicial y tiene usted las dos semanas que necesita para seguir viendo. Si encuentra otra inversión mejor, destruiremos este pedido, le regresaremos su dinero y todos contentos. Pero si al final de las dos semanas no viene usted, doy por hecho que confirmó que realmente tenemos el mejor producto del mercado y le daré la bienvenida a nuestra empresa. Si en unos días no se ha comunicado contigo, envíale una tarjeta dándole las gracias.

También puedes decirle: —Comprendo, ¿le puedo preguntar algo? Existen buscadores y compradores. Los buscadores siempre dejan pasar las buenas oportunidades y nunca logran nada, pero los hacedores, que son los compradores, obtienen lo que se proponen, hacen el esfuerzo y al final no sólo tienen una gran satisfacción sino también lo que desean. ¿Cuál de estos dos es usted?

Debes tener cuidado y narrar esto como una historia, cuando preguntes, al final deberás bajar la voz y verlo a los ojos muy intrigantemente, sin sonreír, pues lo puede tomar como burla. Te sugiero que lo ensayes varias veces antes de usarlo.

❖ **Ahora no puedo porque tengo muchos gastos**

Cuando el prospecto te diga que no puede porque tiene muchos gastos tú puedes contestar: —Tiene usted razón, los compromisos tienen prioridad. Sin embargo, las buenas oportunidades como esta no se presentan todos los días, y si las dejamos pasar lo más probable es que nunca tengamos nada. En algo sí estamos de acuerdo, le gusta el producto, ¿verdad? Si lo puedo arreglar para que la inversión inicial sea mínima, y la mensual sea compatible con sus obligaciones actuales y no interfieran con su presupuesto, ¿cuál producto tomaría, el uno o el dos?

También puedes usar el siguiente argumento: —Tiene razón, primero lo primero, pero, ¿qué vamos a tener mañana? Problemas, y ayer, ¿qué teníamos? Viejos problemas, y siempre vamos a tener compromisos y problemas. Pero tenemos la obligación de obtener algo que necesitamos y deseamos, y ahora es el momento preciso, no ayer ni mañana sino ahora, mientras tiene la oportunidad. Lo voy ayudar a conseguir el producto arreglando las cosas para que la inversión inicial se adapte a su presupuesto, ¿le había gustado más el plan A o el B?

Otra opción es: —Comprendo, sin embargo, algunas personas están mejor que otras gracias a que empezaron con un plan y lo llevaron a cabo aun sabiendo que tenían problemas. Estaban dispuestos a enfrentarse a ellos. Por eso vemos familias que, aunque tienen ingresos similares, tienen calidades de vida diferentes. Pero debemos iniciar con un plan; sólo debemos diseñarlo y llevarlo a cabo para que usted descubra que de esta manera los problemas no son tan graves como se veían. Así que iniciemos. ¿Cuál de los planes prefiere, el uno o el dos?

❖ Tengo años comprándole a mi primo

Debes comprender que las personas somos criaturas de hábitos, y que no nos gusta cambiar cuando algo ya se nos hace práctico y sencillo. Por ejemplo, habrás escuchado este tipo de objeciones anteriormente:

- Si tuviera que comprar, se lo compraría a mi sobrino, ya que él es quien vende este tipo de productos a toda la familia.
- No voy a cambiar de producto, ya que tengo años tratando con la misma compañía.

Pues bien, la forma de rebatir estas objeciones es la siguiente: —Lo comprendo señor prospecto, pero antes de comprárselo a su pariente o amigo tenía usted otro producto, ¿verdad? ¿Por qué cambió, solamente por ayudar a su sobrino o porque el producto ofrecía mejores beneficios? por qué privarse ahora de la oportunidad de poder cambiar su producto por el de más demanda en el mercado? (Silencio) Por ejemplo, nuestro producto (simultáneamente lo volteas a ver a los ojos y le preguntas), ¿sí tiene un minuto, verdad? Después principias tu presentación tratando de usar lo más impactante de tu producto, en forma de pregunta, —¿sabía usted que ahora han salido productos con…?

Otro ejemplo puede ser: —Comprendo que le esté comprando a su sobrino. Nada más permítame mencionarle algo. He decidido dedicar mi vida a mi carrera, que por cierto es mi única actividad, y soy todo un experto en ella. He seleccionado cuidadosamente la empresa que represento y se lo demostraré. No me tardo ni cinco minutos.

❖ Simplemente… ¡no le voy a decidir hoy!

En este caso puede decir: —Señor prospecto, estoy seguro de que a sus (aquí trata de calcular menos edad de la que representa) 48 años que ha de tener, cuenta con la capacidad necesaria para tomar una decisión inteligente, ¿me equivoco? Sin embargo, puede que le haga falta información, ¿no es así?

Aquí él te dirá la objeción verdadera, y si no, solamente lo miras fijamente a los ojos y bajas la voz preguntando, —¿entonces?… Señor prospecto, el decidir es como jugar futbol, para poder anotar un punto es necesario que salga al campo y participe. No se puede anotar desde la banca, ¿verdad? Y bien, ahora que tiene toda la información sobre mi producto puede tomar una decisión, ¿o acaso olvidé mencionarle algo? Aquí te dirá qué información le falta, o tal vez te conteste no. Entonces bajando la voz le preguntas: —¿Se queda con el producto uno o el dos?

Y recuerda que la regla número uno para rebatir la objeción es nunca contrariar al cliente o discutir con él. Siempre empieza diciendo: tiene razón o comprendo.

❖ Está muy caro el producto

Cuando el cliente te alegue sobre el precio puedes decirle: —Señor prospecto, si usted cree que mi producto es caro ahora, ¿cuánto cree usted que valga obtenerlo dentro de un año? Francamente si usted cree que no puede obtenerlo ahora, de seguro más adelante no podrá. Será mejor que tenga un poco más de poder de decisión ahora, ¿cuál de los dos le atrae más, el uno o el dos?

Otra forma es: —En esta vida recibe uno únicamente lo que paga. Usted puede viajar en primera o en segunda clase, la decisión es suya, pero recibirá únicamente lo que está pagando. Además, tiene usted que recordar que mi producto tiene (aquí describes algunos beneficios) y si no encaja dentro de sus planes futuros, entonces no creo que lo necesite. Aquí haces una pausa y preguntas, —¿cuál de los dos le interesa?

Esta objeción la debes rebatir fijando la mirada en el prospecto, y al rebatir será más importante si pones una cara seria.

Otra forma más es: —Señor prospecto, mi producto es caro comparado con qué, con el producto que actualmente tiene o con otros que no ofrecen las mismas ventajas o beneficios. Recuerde que sólo recibimos en la misma proporción a lo que pagamos. Además (aquí te acercas al prospecto) dígame, ¿qué es más importante para usted, el ahorro o la calidad?

❖ Tengo que pensarlo

Cuando el prospecto te diga que tiene que pensarlo puedes decirle: —¿Tiene alguna duda sobre mi producto?, ¿no verdad? ¿Entonces lo único que usted quiere pensar es sobre las finanzas, no es así? Bueno, ese departamento lo conoce usted mejor que yo, así que por qué no le traigo un café mientras usted ve cómo están las cosas (y aquí lo dejas solo unos minutos).

Un ejemplo más: —No lo culpo. Mire, yo tengo que hacer una llamada telefónica, así que mientras la hago usted tendrá tiempo para pensarlo y así cuando regrese podré contestar cualquier pregunta que tenga ahorita que tiene la información fresca en su mente (sin esperar reacción empiezas a caminar).

❖ ¡No tengo tiempo de atenderlo, llevo prisa, no puedo escucharlo!

Estoy seguro de que te has encontrado con este tipo de prospecto al cual le vendes la cita y cuando llegas no te quiere atender porque, como es lógico, en ese momento está más interesado en sus asuntos que en tu producto. Sin embargo, de ti depende que te escuche y enseguida te diré como:

—Señor prospecto, sé que usted tiene prisa pero, ¿por qué no me permite sólo siete minutos? Inmediatamente te quitas el reloj sin esperar respuestas y le dices: —No le haré una presentación completa, sólo mencionaré los puntos de mayor interés para ustedll, y principias tu presentación.

Si no estás en un lugar donde tengas su atención, guíalo hacia donde quieres, solamente caminando para que te siga.

Otra forma de abordar el problema podría ser:

—Señor prospecto, sé que está usted muy ocupado, y la realidad es que yo también. Si no estuviera totalmente convencido de que lo puedo ayudar, no gastaría su tiempo ni el mío. Además seré muy breve, sólo le mencionaré los puntos más importantes.

CIERRES MAESTROS

Toma el control preguntando

La definición del cierre

Tipos de cierre

Inventario de cierres prueba

1. Cierre puerco espín

2. El cierre amarre

3. El cierre amarre invertido

4. El cierre envolvente

5. El cierre doble alternativa

6. El cierre equivocación

7. El cierre boomerang

8. El cierre rebote

9. El cierre compromiso

10. El cierre máxima calidad

11. El cierre de comprobación

      · Inventario de cierres maestros

      · La teoría del silencio en el cierre

1. El cierre de Benjamín Franklin

2. El cierre de las insinuaciones

3. El cierre del avión

4. El cierre por proceso de eliminación

5. El cierre levanta pedidos

6. El cierre por referencias

        ›

❖ Toma el control preguntando

Cuántos de ustedes pensaron que vender era aprender sobre su producto, y al aprender sobre él se convencieron ustedes mismos de que realmente era algo estupendo y que todo lo que tenían que hacer era buscar gente a quien de alguna manera convencerían de los fantásticos beneficios y ventajas de su producto, y no podían comprender cómo habían sobrevivido hasta ahora sin él, y todo era cuestión de hablar, hablar y hablar.

Esa es la mentalidad de la mayoría de los vendedores, pero no olviden que la gente en general compra emocionalmente y no lógicamente. Reflexionemos un poco ¿Cuántas bocas tienen? ¿Y cuántos oídos? ¡Muy bien!, pues el profesional de las ventas usa esas herramientas en la misma proporción en que las tiene.

El vendedor debe escuchar dos veces más de las que habla. Es muy importante no confundir *presionar* con *cerrar*. Existen varios vendedores que presionan al prospecto y lo hacen sin pensar.

Por ejemplo:

· Este es el mejor producto en el mercado.
· Esto es lo que usted necesita.
· Aproveche ahora.
· Más vale que se apresure.
· Los precios van a aumentar.
· Va a perder este.
· Hay otra persona interesada.
· Es la mejor compra.

En el momento en que el vendedor hace esto, el cliente se da cuenta de que lo están presionando, pierde la confianza y habrá perdido la venta. Y luego se pregunta: ¿dónde fallé?

La respuesta para ese problema es seguir estos pasos:

De hoy en adelante *no les diré, les preguntaré.*
Si les digo dudarán, *si les pregunto creerán.*

Si yo lo digo no es cierto, *si ellos lo dicen es cierto.*

Aunque parezca sorprendente, 63% de las presentaciones son hechas sin la intención de cerrar. Una de las mayores razones para que esto suceda, es el temor, y el temor es un derivado de la ignorancia.

❖ La definición del cierre

El cierre podría definirse como una *ayuda para que la gente tome decisiones que son buenas para ellos.* Al ayudar a la gente, automáticamente todos salen ganando: tú, tu gerente, tu compañía, etcétera.

Existe un lugar que se dice está lleno de vendedores profesionales. No son los más éticos, ni los más honestos; ese lugar es la cárcel. Pero esos grandes vendedores son conocidos como mentirosos. ¿Cuál es entonces la diferencia entre un mentiroso y un vendedor? Pues te la diré: el vendedor no sólo vende el producto o el servicio, sino también el beneficio, o sea algo que va a beneficiar al cliente después de comprar. El mentiroso en cambio, vende el producto o el servicio y no le importa si el cliente se beneficia o se perjudica con la compra.

Para vender, puedes decir lo que quieras, solamente hazlo en forma de pregunta. Por ejemplo: si dices —le ofrecemos nuestro producto porque usted necesita tratar con una empresa de buena reputación, sonará un poco vacío y dudoso, pero si lo haces en forma de pregunta… —Después de todo es importante tratar con una compañía bien establecida y con buena reputación, ¿no cree usted? ¿Qué podría contestarte el prospecto?: —¡No!, estoy buscando la peor compañía para tratar con ellos.

Es importante que formules preguntas que solamente tengan una respuesta. Si lo haces de esta forma el prospecto sentirá que es idea de él y lo creerá. Esto se aplica hasta con los niños; oblígalos a hacer algo y no lo harán, pero hazlo en forma de pregunta y será decisión de ellos.

En otras palabras, debes escuchar las necesidades de tu prospecto, y por medio de preguntas determinar exactamente qué es lo que quiere para luego tú hacer la decisión. Y recuerda que sólo puedes ayudar a la gente a hacer una decisión hasta que tú la hayas hecho.

Es importante entender que el profesional es el que debe hacer la decisión, para eso es profesional. Qué pasa cuando vas a ver a un médico; al entrar a su consultorio, ¿él ya sabe lo que tienes? ¡No! Tiene que empezar a hacer preguntas y eliminar síntomas para determinar el problema. Y qué pasaría si al final te preguntara, —¿qué tomarás ahora que te he dicho lo que tienes? Pensarías que es incompetente. Lo mismo pasa con el vendedor, aunque la mayoría todavía espera a que el prospecto decida para ellos solamente levantar el pedido, cuando lo que deben saber es que llega un momento determinado en que ellos tienen que decidir y empezar a llenar el pedido sin que el prospecto verbalmente se los haya ordenado. Es tu obligación hacer la decisión.

¿Por qué es tan importante hacer preguntas? Primeramente porque tomas control, y una vez que tomas control el prospecto te seguirá sin oponerse. Otra razón es porque así descubres las áreas de interés, con lo cual puedes saber cuándo usar un cierre maestro y concluir la venta.

❖ Tipos de cierre

Para triunfar económicamente solamente hay que saber dominar tres cosas: comprar, vender y cobrar. Tan sencillo como es, todavía existen muchos vendedores que no lo comprenden. Primero debes conocer tu producto y creer en él, eso es comprar; luego sales a presentarlo a los prospectos, eso es vender; luego debes cobrar por tu trabajo, eso es cerrar. Sin embargo 63% de las presentaciones son hechas sin la intención de cerrar.

Es importante que sepas que el vendedor gana según sus habilidades y talentos. El que más sepa es el que más gana, tal como lo dijimos en el primer capítulo. El cierre principia desde la presentación, y estos son los dos diferentes tipos de cierre:

· **Cierre prueba**

· **Cierre maestro**

Un cierre prueba es una secuencia de aprobaciones menores en el transcurso de la presentación. Se dice que antes de llegar al cierre maestro deben aplicarse mínimo cinco cierres prueba. Debes conocer las respuestas cada vez que lances un cierre prueba, ya que no siempre son claros. Hay ocasiones en que el sí es expresado con un movimiento de cabeza, una respiración profunda, una mirada o un movimiento de cejas. Esto es a lo que le llamamos lenguaje corporal. Por ejemplo, el cierre prueba —amarre es una pregunta con una sola respuesta. Pongamos el caso de la venta de un seguro de vida:

—Señor prospecto, tener la educación de los hijos garantizada en el futuro es importante, ¿verdad? ¿Qué puede contestar?

—Es interesante obtener el mayor ingreso cuando lo necesite con la mínima inversión, ¿no cree?

Como puedes ver, estas preguntas sólo pueden ser contestadas con un sí. Pero ten cuidado, no confundas este cierre prueba con otra pregunta que arruine la venta.

❖ Inventario de cierres prueba

Está comprobado que una vez que puedas tocar con tu pluma la orden de compra, tienes 50% de la venta hecha. Por eso, cuando llegues al cierre maestro deberás tener el material listo, y de preferencia con toda la información. Siempre deberás tener un amplio inventario de cierres listo para ser usado cuando surja una objeción, ya que de ello depende el ingreso que obtendrás. Aquí encontrarás un inventario base que debes ir incrementando más y más.

1. El cierre puerco espín
En este cierre prueba se trata de contestar una pregunta con otra, con el propósito de convertir una pregunta en un cierre.

Por ejemplo, en la compra de un automóvil.

Prospecto: Pues me gusta el automóvil pero no me gusta el rojo, ¿no tiene en azul?
Si el vendedor contesta sí, no logrará nada y está lejos del cierre. Usando la técnica del puerco espín contestaría...
Vendedor: ¿Lo quiere en color azul?
Si el cliente dijo que sí, ¿qué pasó? ¡Ya compró!

2. El cierre amarre
El cierre amarre viene siendo una frase con pregunta al final, donde usarás frases como: ¿verdad?, ¿no cree?, ¿no le parece?, ¿no es cierto? Etcétera. Por ejemplo:

Vendedor: Es importante hacer negocio con una compañía establecida, ¿verdad?, o en la actualidad es necesario obtener mayor cantidad de beneficios por la menor inversión, ¿no cree?

¿Qué puede responder el prospecto a esto? Como ves, este cierre sólo tiene una respuesta.

Como puedes ver, es muy importante que este cierre esté en tu inventario de cierres. Para llegar al cierre maestro en el amarre tenemos que hacer un mínimo de cinco cierres prueba. Después de todo, el cierre es sólo una suma de varios cierres que dominarás cuando manejes los cierres prueba y muy especialmente el amarre. Pero no te apures, después de usarlos algunas veces empiezan a salir naturalmente.

3. El cierre amarre invertido
Este cierre viene siendo como el amarre, pero lo usaremos al principiar la frase para darle mayor suavidad. Por ejemplo:

Vendedor: ¿Verdad que es necesario tratar con una empresa establecida y con buena reputación?

Como puedes observar, es una pregunta como la del amarre, pero al usarla al principio evitas la monotonía o que se oiga como técnica.

81

4. El cierre envolvente

En este cierre, la pregunta se le hace al prospecto después de comprar. Por ejemplo:

Vendedor: ¿El automóvil lo va a manejar sólo el gerente general o sus empleados también?

Lo que este cierre hace, es enviar la mente del cliente hacia los detalles del futuro, para así dejar atrás el momento de la decisión y ya darlo por un hecho.

5. El cierre doble alternativa

Este cierre debe ser usado en toda venta, ya que uno nunca debe esperar a que el cliente se decida, sino que, como mencionábamos antes, uno debe decidir por él y luego ofrecerle dos alternativas. Por ejemplo en el caso de la venta de un seguro de vida:

Vendedor: ¿Incluimos a sus hijos también como beneficiarios primarios o solamente a su esposa?

Este cierre debe usarse siempre, y recuerda que nunca debes preguntar algo en lo cual no sepas qué te van a contestar. Al aprender este cierre debes olvidar preguntas como: ¿qué le parece?, ¿cómo ve?, ¿lo compra?

6. El cierre equivocación

En este cierre te equivocas a propósito y al corregirte el cliente automáticamente confirma que te va a comprar. Por ejemplo:

Vendedor: ¿Decía que necesitaba los muebles para el día primero?
Prospecto: No, para el día 28.
Vendedor: No hay problema; calle De la Huerta número…

¿Captas el poder indirecto que tiene este cierre? Si el vendedor le hubiera preguntado, ¿qué día se lo entregamos?, el prospecto hubiera contestado —todavía no he dicho que lo quiero comprar.

7. *El cierre* boomerang

Este cierre se usa cuando el prospecto dice algo que te ataca directamente, y tú puedes usar la intensidad con que te atacó para devolverle sus propias palabras con la misma intensidad como un *boomerang.* Por ejemplo:

Prospecto: ¡El precio es ridículo!
Aquí el vendedor debe hacer una pausa, bajar drásticamente la voz y repetir exactamente las mismas palabras diciendo:

Vendedor: ¿El precio es ridículo? (Luego se calla).
Aquí el silencio que guarde el vendedor después de haber lanzado el *boomerang,* hará que el prospecto justifique lo que dijo.

8. *El cierre rebote*

En este caso usas una objeción fuerte para convertirla en cierre. Por ejemplo:

Prospecto: El automóvil sí me gusta, pero el color no, me gustaría en color rojo.
Vendedor: ¿Si le consigo uno en color rojo me lo compra hoy?
Lo importante en este cierre es saberlo aplicar en cuanto el prospecto termine de decir la frase; de esa manera usas la misma intensidad de su expresión para regresársela.

9. *El cierre compromiso*

En este cierre de lo que se trata es de comprometer al cliente si compruebas que tú tienes la razón.

Prospecto: Todo lo que hacen las compañías de seguros es mentirle al cliente diciendo que uno puede retirar dinero de su póliza y al tratar de hacerlo resulta que no se puede.

Vendedor: Señor prospecto, si le puedo demostrar y comprobar que realmente puede retirar dinero de su póliza cuando usted guste, ¿la compraría?

10. *El cierre máxima calidad*

Este es un fabuloso cierre para rebatir la objeción —está muy caro, la cual es muy frecuente.

Es importante que al usar este cierre bajes la voz y empieces a hablar en forma de narrador. Por ejemplo:

Prospecto: El precio es excesivamente alto.
Vendedor: Hace algunos años (bajas la voz) mi compañía tuvo que hacer una decisión muy importante; no sabían si bajar el precio y la calidad o invertir más para lograr la máxima calidad en el mercado aunque costara al consumidor un poco más y, ¿sabe por qué decidieron invertir más en calidad?, porque de otra manera el consumidor tendría que hacer la inversión al doble. Por eso, señor prospecto, la calidad es tan importante en nuestra empresa, ¿desea que se lo enviemos a domicilio o se lo pongo en su carro ahora?

Algo que debes saber al usar los cierres es que los humanos tenemos dos tipos de voces, alta y baja, y debes de tener mucho cuidado al entrar a alguna técnica de cierre de no cambiar de tonalidad o intensidad, ya que esto daría a saber al cliente que estás usando una técnica y a nadie le gusta que le vendan, pero a todos nos gusta comprar.

11. El cierre de comprobación
Este cierre es recomendable aproximadamente en el medio de la presentación, una vez que el cliente ya más o menos tenga una idea de lo que quiere. Lo fascinante de este cierre es que hace todo por sí solo; todo lo que tienes que hacer es establecerlo apropiadamente.

Tu clave para empezar a usarlo es que ya tienes una idea de lo que el cliente desea, y también sabes que tienes lo que busca. Veamos ahora un ejemplo con un vendedor de baterías de cocina:

Vendedor: Señora, si le puedo mostrar una sartén que mantiene la gran mayoría de los nutrientes en la comida, no requiere grasa, le ahorra combustible cocinando los alimentos en menos tiempo y además es
accesible a su presupuesto, ¿lo compraría?

Lo más probable es que la respuesta sea sí o probablemente. Aquí te puedes dar cuenta de que el vendedor ya tiene un camino más iluminado por el cual continuar. Todo lo que tiene que hacer es comprobar lo que ha ofrecido y sabe que tiene. Por ejemplo:

Vendedor: Señor prospecto, ¿daría usted a mi compañía dos dólares diarios por aproximadamente cinco años, si al final de ese periodo mi compañía le devuelve todo su dinero más 1 500 dólares y una cobertura de vida de 100 mil dólares?

Ahora todo lo que tienes que hacer es comprobarlo, y tener muy bien preparada la manera como vas a demostrarlo, ya que con este cierre tienes 50% de la venta hecha.

❖ Inventario de cierres maestros

Para llegar al cierre maestro debes ya haber aplicado aproximadamente cinco cierres prueba. El cierre maestro es la decisión final, es realmente el pago de tus honorarios profesionales, y si sabes que has hecho un trabajo profesional, ten la plena seguridad de que vas a cobrar y te van a pagar. Tan sencillo que es y, sin embargo, es aquí donde fracasan 80% de los vendedores. Como mencionábamos antes, 63% de las presentaciones son hechas sin la intención de cerrar. El vendedor promedio normalmente se está repitiendo a sí mismo durante la presentación, —no, no lo voy a presionar, no quiero que piense que necesito esta venta desesperadamente, o bien piensa que se va a ver muy mal que trate de cerrar en la primera entrevista. El caso es que siempre está buscando excusas por no tener valor de cerrar, y la mayoría de las veces esa inseguridad es causada por no tener una secuencia bien establecida para llegar al cierre.

Decíamos en un principio que para triunfar económicamente sólo se necesita saber comprar, vender y cobrar. Por lo tanto es ilógico que la mayoría de los vendedores no quiera cobrar.

Un buen día me di cuenta de que el negocio de las ventas

debe ser tratado fríamente, y que el cerrar significaba un ingreso para mi familia, una ganancia para mi compañía y un beneficio para mi prospecto.

Después de todo un vendedor es un —resuelve problemas, y si no crees que le puedes ayudar a tu prospecto manipulándolo para que compre tu producto, no pierdas más tiempo y busca a alguien a quien tú sinceramente sepas que vas a manipular para que tome una decisión que es buena para él.

❖ La teoría del silencio en el cierre

Las personas que no han puesto nada de atención a este manual, o que no le han aprendido nada, con sólo aprender esto que vamos a decir y saberlo manejar ya valió la pena su inversión.

Cuando hagas la pregunta de cierre maestro ¡cállate! Sí, cuando hagas la pregunta del cierre maestro hay que callarse, porque el primero que hable pierde.

1. El cierre de Benjamín Franklin

Esta es la mejor herramienta que pudo haber llegado a la profesión de las ventas, y aunque este cierre no tiene nada de moderno, sin embargo no ha habido ningún otro que lo haya podido reemplazar.

No obstante que la gran mayoría de los vendedores o han oído hablar de él o lo conocen, es sorprendente comprobar que menos de 8% de ellos lo usan. A mi parecer, este es el —padre de los cierres.

Una de las más comunes objeciones con que nos encontramos es la del cliente que al final dice: —lo quiero pensar. Si aprendes este cierre, cada vez que oigas esa frase te dará gusto. Por ejemplo:

Vendedor: Entonces, ¿desea empezar con el plan A o con el B de una vez?
Prospecto: Con ninguno todavía; no me gusta tomar decisiones rápidas y lo quiero pensar.

Vendedor: Muy bien.

Aquí empieza a ordenar sus cosas y a prepararse para marcharse, por lo que el prospecto cree que ya es el final de la presentación y mentalmente baja la guardia, diciendo tal vez: —yo me comunico con usted en cuanto decida, cuando el vendedor ya está a punto de levantarse dice:

—Señor prospecto, supongo que lo quiere pensar porque desea tomar una buena decisión, ¿verdad? Sin embargo, de todo lo que le dije solamente un 25% se le habrá quedado en la memoria. Por qué no me permite un minuto más y le dejo más información para que pueda hacer una mejor decisión, y sin esperar respuesta traza una línea vertical y una horizontal en forma de T. Al lado izquierdo en la parte de arriba anota sí y en el lado derecho no; en sí anotaremos las razones a favor (aquí anota rápidamente todas las ventajas y beneficios) y ahora en no anotaremos las razones en contra. Este es un punto muy —importante y crítico, porque ahora el cliente te dirá las razones porque no debería de comprar. No le ayudes, déjalo que piense y verás que aquí lo que vas a encontrar son objeciones que tú ya estás preparado a rebatir para volver a la venta.

Cualquiera que sea su respuesta, verás que la lista de beneficios será mucho mayor que la otra. Aquí tienes un ejemplo:

Sí	No
Económico	No, ya tengo uno
Moderno	
Práctico	
Rentable	
Adaptable	
Garantizado	
Renovable	

Sí	No	(Cont.)
Portátil		
Cómodo		
Reconocido		
Establecido		
Único		

Aquí, después de comprobar que tienes más ventajas que desventajas, el silencio se puede prolongar pero, si se prolonga mucho tiempo, te matará la venta y para evitarlo, esto es lo que deberás hacer. Lo miras a los ojos y tomando el pedido y la pluma se lo acercas diciendo con voz suave y con una sonrisa: —Mi madre me ha enseñado que el que calla otorga.

2. El cierre de las insinuaciones
La manera de hacer trabajar este cierre es que desde el principio de tu presentación siembres semillas de —imaginación en la mente del cliente. Verás como al final el cliente solo cerrará, pues creerá que las ideas que originalmente plantaste son suyas.

Para usar este cierre, desde un principio de tu presentación deberás dejar caer algunas insinuaciones y algunas sugestiones positivas referentes al beneficio que el producto traerá al prospecto. Por ejemplo:

Vendedor: Señor prospecto, ¿se ha dado usted cuenta que al comprar este automóvil tendría el mejor carro de toda la cuadra?

Después de esto debes continuar con tu presentación y dejar que alguna de estas ideas penetre en su subconsciente. Al final sabes que alguna de las semillas que sembraste floreció y está creciendo y ahora el prospecto cree que la idea originalmente fue de él. Al cerrar le dices:

Vendedor: Señor prospecto, yo sé que a usted le gustaría

tener el mejor automóvil de toda su cuadra, ¿cuál se lleva, el azul o el rojo?

Es importante tener algunas diez de estas semillas listas para usarlas todo el tiempo. Ten la plena certeza de que alguna dará en el clavo y te ayudará a cerrar la venta.

3. El cierre del avión

Este cierre es magnífico cuando te encuentras con la objeción, —no estoy seguro... ya que es una decisión difícil de tomar. En la mayoría de las ocasiones, este cierre trabaja más efectivamente en clientes de mayor edad, que suelen sentirse atemorizados al comprar un producto. Además, de una manera gentil y lógica haces sentir al cliente cuán ridícula es su objeción. Por ejemplo:

Prospecto: Pues realmente no sé... es una decisión difícil.
Vendedor: Comprendo cómo se siente; sé que a usted le gusta mi producto, ¿verdad? Entonces sólo le resulta difícil tomar la decisión, ¿de acuerdo? Tranquilícese, eso es muy normal, y la mayoría todavía después de que toma la decisión se pregunta si fue la correcta o no, pero realmente es como subirse a un avión. ¿Sabía usted que todos los días, de todos los aviones que vuelan en el mundo un 3% sufre accidentes? Tome en cuenta que le estoy hablando de todos los aviones de todos los países del mundo. Se sabe que 3% no llegan a su destino. Así pues, dígame, ¿sabiendo que 3% se estrellan, va por eso a dejar de abordar un avión si tiene algo importante que hacer al llegar a su destino? ¿Se va a subir a ese avión sin conocer a la tripulación y pondrá su vida a cargo del capitán sin conocerlo? Claro, miles de personas lo hacen a diario porque saben que están en manos de personal altamente capacitado, aunque tal vez un poco inquietas, pero depositarán su confianza en los profesionales, ¿verdad? Es exactamente lo mismo al obtener mi producto; tal vez se sienta un poco inquieto al tener que decidir, pero comprenda que está en manos de profesionales, que tengo años con mi empresa y sé lo que le conviene, así es que venga a bordo, ¿cuál le gusta más el A o el B?

4. El cierre por proceso de eliminación

Este cierre es magnífico cuando surge la objeción clásica,

—tengo que pensarlo. Recuerda que cuando un cliente te menciona esta objeción, debes saber que tu error estuvo realmente en la presentación. No cometas el error de varios vendedores, que sienten que por el hecho de que cuentan con buenos cierres, pierden el lustre en su presentación y lo único que hacen al final es presionar a un prospecto confuso.

Con este cierre sabrás exactamente dónde has fallado en tu presentación o qué beneficios te faltó mencionar. Pongamos ahora un ejemplo de cómo usarlo:

Prospecto: ¡Tengo que pensarlo!
Vendedor: Señor prospecto, nada más para mi propia información, ¿qué es lo que quiere pensar acerca de mi producto? (y sin hacer una pausa). ¿Es la reputación de mi compañía? Si el cliente responde que no, prosigues preguntando. ¿Es la calidad del producto? Sigues preguntando. Dígame, ¿soy yo? (esta pregunta la haces poniendo una cara de víctima), ¿dije algo que no le pareciera? Aquí él te dirá ¡no!, e inmediatamente prosigues. ¿Es la inversión inicial? ¡No! Entonces, ¿es la inversión mensual? ¡No! ¿La inversión total? Aquí has encontrado el punto débil que buscabas, y lo más probable es que nunca tengas que llegar hasta el final de las preguntas.

Es importante que recuerdes que al encontrar la objeción sabrás cuál es el problema. Antes de rebatir, deberás hacer un breve resumen de los beneficios y luego volver a hacer la pregunta cierre. Cuando hagas las preguntas no deberás ser lento o hacer pausas, pues perderás control. Pero ten cuidado de no ser muy agresivo tampoco.

5. El cierre levanta pedidos
Debes hacer este cierre parte de tu presentación, ya que lo puedes usar cada vez que presentes. Cuando llegues a dominarlo, notarás que es una de las mejores herramientas en tu carrera. Si usas este cierre de una manera muy normal y muy tranquila, notarás cuando ya seas maestro que, sin darte cuenta, estarás cerrando la venta.

El propósito de este cierre es que puedas llenar el pedido de una manera tranquila, sencilla y sin que se note que estás usando una técnica, ya que si el prospecto se da cuanta de ello no le podrás vender.

La moraleja de este cierre es: si puedes hacer que desde un principio de tu presentación, tu pluma toque el pedido, llevas 50% de la venta hecha. Por ejemplo:

Vendedor: Entonces, ¿le gusta más el acabado en caoba? (y lo escribes en el pedido).
Prospecto: Sí. En este momento si el nota que escribes en la hoja del pedido y no te detiene, ¡ya compró! Pero si te detiene y te dice:
Prospecto: Pero, ¿qué hace? ¡Yo todavía no le he dicho que compraré!
Vendedor: Aquí, con tranquilidad e inocencia le contestas, ¡lo sé!, solamente tomo nota de los puntos de mayor importancia para usted, y los anoto para no olvidarlos.

Tal vez tendrás que desperdiciar algunos pedidos, pero estoy seguro de que a tu empresa no le importará, ya que tus ventas serán mayores.

Usando este cierre al final, tendrás el pedido completo con toda la información y sólo le puedes preguntar al prospecto, ¿sería tan amable de verificar esta información?

6. El cierre por referencia
Este cierre es ideal para el prospecto conservador, o el que crees que no tiene para comprar tu producto. Recuerda que lo debes usar solamente después de que ya hiciste algunos cierres prueba y notaste que el prospecto tal vez tenga algún problema con el dinero. Por ejemplo:

Vendedor: Entonces, ¿le gustaría el uno o el dos? (guardas silencio).
Prospecto: Ninguno, ahora no tengo dinero.
Vendedor: Está bien, comprendo, pero sí le gustó el producto, ¿verdad? Y está convencido de que lo necesita, ¿cierto? Espera la reacción. Solamente es el dinero el problema, ¿verdad? (aquí él aceptará). Dígame, ¿le gustaría

tener este producto pagando solamente la inversión inicial? (menciona el precio). Aquí desconcertarás al prospecto y te preguntará a qué te refieres. Entonces principias tu narración: —"Nuestra empresa principió un nuevo programa que se llama la campaña de publicidad de boca en boca, y le diré de que manera trabaja: si usted nos recomienda una persona por mes y esa persona nos compra, nuestra empresa pagará la inversión mensual por usted, o sea que nuestra empresa prefiere que nuestros mismos clientes se lleven el dinero de la publicidad".

LA ECUACIÓN DEL CIERRE

Lo que estás a punto de conocer cambiará totalmente tu forma de vender y de entrenar vendedores. Y si nunca has vendido, con sólo practicar esta ecuación estarás listo para hacer una extraordinaria presentación que te llevará al cierre.

$$VB + ML + C = +\$$$

¿DESCONCERTADO?

Es perfectamente normal…

pero aquí está la explicación de la ecuación

VB

VENTAJAS Y BENEFICIOS

Escribe diez ventajas de por qué debería yo comprar tu producto o servicio y no el de la competencia. Y en la siguiente columna escribe el beneficio (uno o más) de cada ventaja. Ejemplo:

VENTAJAS	BENEFICIOS
1. Mejor calidad	Materia prima más resistente. Mayor duración
2. Mayores inventarios	
3. Servicio siete días a la semana	
4. Financiamiento	
5. Prestigio de la marca	
6. Garantía más amplia	
7. Disponibilidad	
8. Precio	
9. Clientes satisfechos	
10. Calidad en el servicio	

Convierte tus ventajas en beneficios

¿Por qué?

No pongas al prospecto a desglosar el beneficio de cada ventaja, porque mientras piensa en qué se beneficia, pierdes su atención.

Cuando vuelvas a escuchar la madre de todas las objeciones, que es: QUIERO PENSARLO, admitirás inmediatamente: NO LO SUPE INTERESAR, y esto deberá estimular automáticamente el recuerdo de los beneficios que deberán salir en forma de reflejo condicionado.

Entonces, debes mencionar tus beneficios (de preferencia diez) en máximo dos minutos, y volverás a lograr su interés. (omo se menciona en el Cierre de Benjamín Franklin que se vio anteriormente).

ML

MODULACIÓN DE LA VOZ

Para una modulación de voz adecuada, deberás trabajar en dos cosas:
1. Dicción (pronunciación clara de tus palabras).
2. Los altibajos de la voz.

La modulación de la voz sirve para manejar las emociones del prospecto. Siempre cerramos en alto.
La voz se levanta para tocar emociones racionales y se baja para tocar emociones blandas. Cuando se habla de beneficios se levanta la voz y se acelera la velocidad. Luego se baja volumen y velocidad. (Falta explicación).

Poner imagen de letra N con explicación

Al levantar la voz finalmente volvemos otra vez a aumentar las emociones racionales.

ML

LENGUAJE CORPORAL

El silencio juega una parte vital en tu presentación, si a esto le agregas gesticulación, es más poderoso. Ejemplo: verte más pensativo, reflexionando, abrir la boca con asombro, levantar las cejas mientras muevas la cabeza hacia un lado, etcétera.

Cuando estás perdiendo su atención...

¡Peligro!

Perder la atención del prospecto es perder la venta.

¡Recupérala...!

Si lo ves anotando, volteando hacia otra parte, dando instrucciones o reclinándose hacia atrás cómodamente, con tu lenguaje corporal recuperarás su atención.

Ejemplo: Te quedas callado viendo a tu prospecto fijamente con un ligero gesto, como mostrando disgusto, y lo más probable es que él te explique lo que estaba haciendo, acto seguido, te levantas lentamente de tu silla, poniendo las manos sobre la mesa o el escritorio, te le quedas viendo fijamente, y le dices en voz baja pausada, "Se me había olvidado mencionarle que...".

Ahora...
Cualquier beneficio que le digas le será de gran impacto.

C

Cierres

Escribe en una hoja con un encabezado que diga:

INVENTARIO DE CIERRES

1. Cierre por conclusión.
2. Amarre.
3. Doble alternativa.
4. Etcétera.

Nota: De la sección de Cierres Maestros escoge los diez que más te gusten.

Aquí deberás de escribir mínimo diez cierres, los cuales te aprenderás de memoria y los vas a utilizar desde que inicias a hablar con el prospecto hasta que consumes la venta.

Recuerda:

Entre más cierres, más ganancias

Esta es la parte vital de la ecuación para ganar más dinero. Ahora toda la ecuación tendrá más sentido.

Mira, los cierres serán agregados a las ventajas y beneficios utilizando modulación de la voz y lenguaje corporal.

Ejemplo: –Señor prospecto, el invertir en un producto de buena calidad con el tiempo es un gran ahorro, ¿no cree usted?–. Y lo más probable es que te conteste:

Sí

Se ha comprobado que si lo haces contestar cinco o seis veces que sí, lo más seguro es que la siguiente respuesta también sea un —sí-. Como verás más adelante, este es el Cierre Amarre.

¿Ahora entiendes el poder de la ecuación?

VB + ML + C = +$

¡Y, ahora, a ganar más $$$$$$$!

LA PLANEACIÓN

Planea tu trabajo y trabaja tu plan

Aprende a trabajar con gráficas

❖ **¡Qué precioso día!**

❖ **Reporte Diario**

❖ **Gráfica de productividad**

¡Qué precioso día!

Con entusiasmo
¡Qué precioso día!
Viviré este día, como si
fuera el último de mi vida

HORAS TRABAJADAS

_____ Restantes

_____ Hrs.

ACTITUD MENTAL

- ☐ Excelente
- ☐ Buena
- ☐ Pobre
- ☐ Débil

TIEMPO DE EJERCICIO FÍSICO

_____ Hrs.

_____ Min.

TIEMPO DEDICADO AL ESTUDIO

_____ Hrs.

_____ Min.

FUERZA DE VOLUNTAD

- ☐ Excelente
- ☐ Buena
- ☐ Pobre
- ☐ Débil

Prioridades del día

1 _____
2 _____
3 _____
4 _____
5 _____
6 _____

Tiempo de calidad
dedicado a los seres queridos.

_____ Hrs. _____ Min.

Eventos extraordinarios que acontecieron hoy

_____
_____
_____
_____
_____
_____
_____

Calificación final del día

1 2 3 4 5 6 7 8 9 10

DEY SUCCESS INSTITUTE ® ALEX DEY

¡Qué precioso día!

Con entusiasmo
¡Qué precioso día!
Viviré este día, como si
fuera el último de mi vida

Prioridades del día

1 _____

2 _____

3 _____

4 _____

5 _____

6 _____

Tiempo de calidad
dedicado a los seres queridos.

_____ Hrs. _____ Min.

_____ Restantes

HORAS TRABAJADAS

_____ Hrs.

ACTITUD MENTAL

☐ Excelente
☐ Buena
☐ Pobre
☐ Débil

**TIEMPO DE
EJERCICIO FÍSICO**

_____ Hrs.
_____ Min.

**TIEMPO DEDICADO
AL ESTUDIO**

_____ Hrs.
_____ Min.

FUERZA DE VOLUNTAD

☐ Excelente
☐ Buena
☐ Pobre
☐ Débil

Eventos extraordinarios que acontecieron hoy

_____

_____

_____

_____

_____

_____

_____

Calificación final del día

1 2 3 4 5 6 7 8 9 10

DEY SUCCESS INSTITUTE ® ALEX DEY

¡Qué precioso día!

Con entusiasmo
¡Qué precioso día!
Viviré este día, como si
fuera el último de mi vida

Prioridades del día

1

2

3

4

5

6

Tiempo de calidad
dedicado a los seres queridos.

_____ Hrs. _____ Min.

_____ Restantes

HORAS TRABAJADAS

_____ Hrs.

ACTITUD MENTAL

Excelente ☐
Buena ☐
Pobre ☐
Débil ☐

TIEMPO DE EJERCICIO FÍSICO

_____ Hrs.
_____ Min.

TIEMPO DEDICADO AL ESTUDIO

_____ Hrs.
_____ Min.

FUERZA DE VOLUNTAD

Excelente ☐
Buena ☐
Pobre ☐
Débil ☐

Eventos extraordinarios que acontecieron hoy

Calificación final del día

1 2 3 4 5 6 7 8 9 10

DEY SUCCESS INSTITUTE ® ALEX DEY

REPORTE DIARIO
Prospección en frío

FECHA _____ AREA _____ NOMBRE _____

NOMBRE	DIRECCIÓN	TEL.	NUEVO	REFERENCIAS	Próxima Visita	COMENTARIOS
1						
2						
3						
4						
5						
6						
7						
8						
9						
10						
11						
12						
13						
14						
15						
16						
17						
18						
19						
20						

TOTAL: VISITAS: _____

VENTAS: _____

REPORTE DIARIO
Prospección en frío

FECHA _____ AREA _____ NOMBRE _____

NOMBRE	DIRECCIÓN	TEL.	NUEVO	REFERENCIAS	Próxima Visita	COMENTARIOS
1						
2						
3						
4						
5						
6						
7						
8						
9						
10						
11						
12						
13						
14						
15						
16						
17						
18						
19						
20						

TOTAL: VISITAS: _____

VENTAS: _____

REPORTE DIARIO
Prospección en frío

FECHA _____ AREA _____ NOMBRE _____

NOMBRE	DIRECCIÓN	TEL.	NUEVO	REFERENCIAS	Próxima Visita	COMENTARIOS
1						
2						
3						
4						
5						
6						
7						
8						
9						
10						
11						
12						
13						
14						
15						
16						
17						
18						
19						
20						

TOTAL: VISITAS: _____
VENTAS: _____

❖ Gráfica de Productividad

Ejemplo: Observa la gráfica de la siguiente página.

PRIMER PASO: Para tener una información clara y precisa, se recomienda que se utilicen tres plumones de colores diferentes.

SEGUNDO PASO: Se requiere llevar un registro diario del número de prospectos, presentaciones y cierres. (Véase reporte diario.)

TERCER PASO: Vaciar la información en la gráfica de la siguiente manera: horizontalmente se encuentran los días de la semana, y en forma vertical aparecen los números del 1 al 20 los cuales indican con línea de arriba la cantidad de prospectos que se visitaron. La línea de en medio indica las presentaciones que hiciste, y la línea de abajo indica los cierres de ventas de ese día, es así como vas uniendo las líneas para ver las estadísticas, y así tener tu propia evolución. Te recomiendo practicar esto la primera semana de cada mes, la misma gráfica te va a ir diciendo si estás fallando en prospección o en presentación (es tiempo de hacer un nuevo inventario de ventajas y beneficios), si ves que estás bajo en cierres, es tiempo de pulir tus cierres prueba combinado con beneficios.

Alex Dey

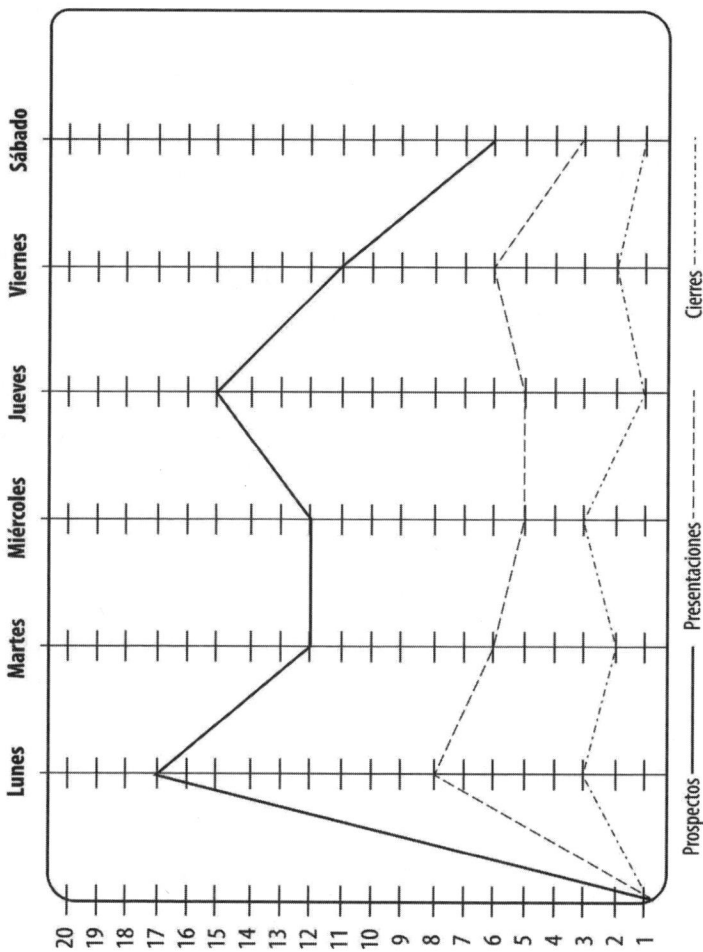

GRÁFICA DE PRODUCTIVIDAD

107

GRÁFICA DE PRODUCTIVIDAD

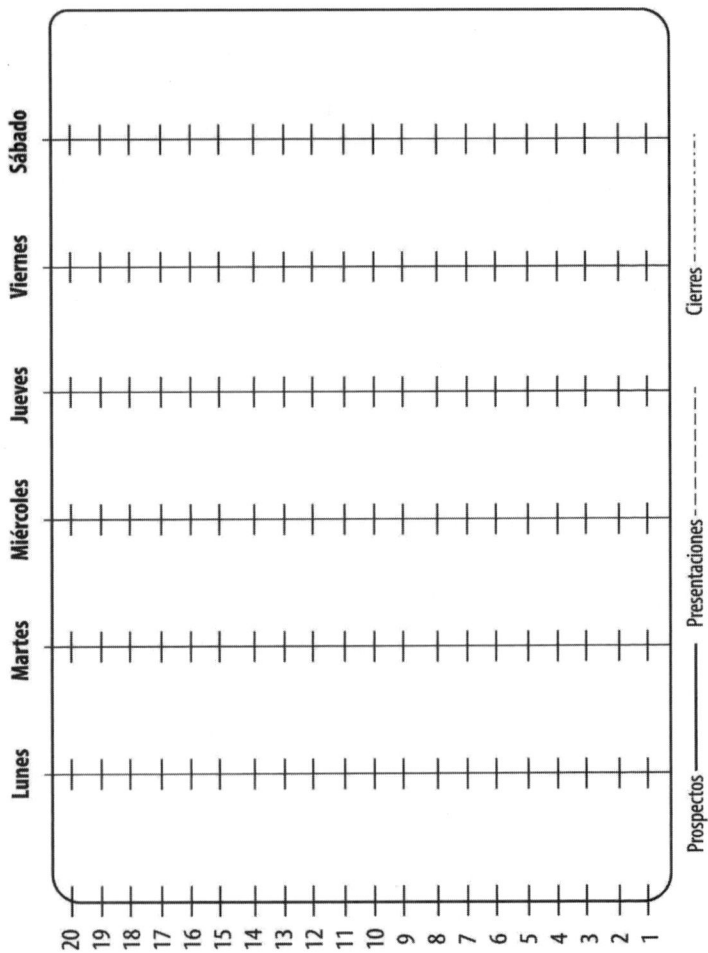

	Lunes	Martes	Miércoles	Jueves	Viernes	Sábado

Prospectos ———— Presentaciones ─ ─ ─ ─ Cierres ·······

GRÁFICA DE PRODUCTIVIDAD

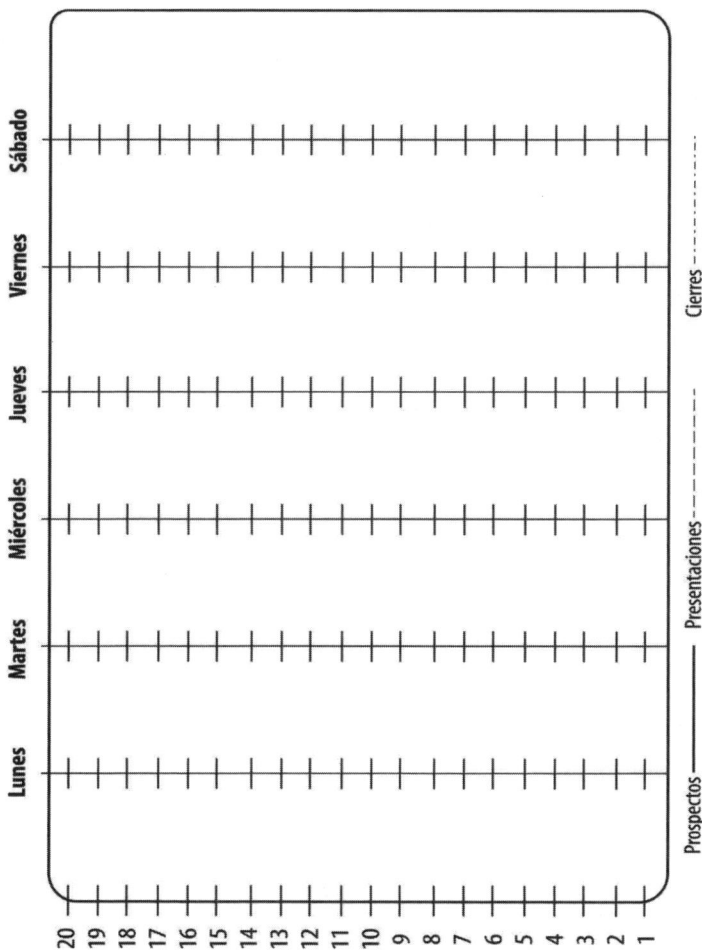

	Lunes	Martes	Miércoles	Jueves	Viernes	Sábado

Prospectos ——— Presentaciones – – – – Cierres – · – · – ·

GRÁFICA DE PRODUCTIVIDAD

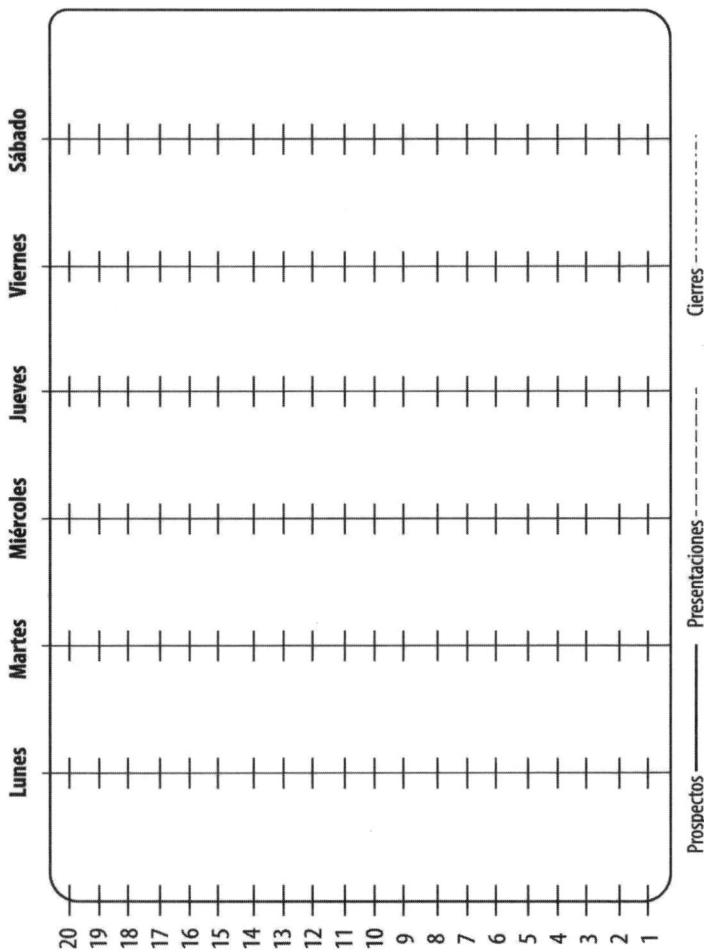

	Lunes	Martes	Miércoles	Jueves	Viernes	Sábado
20						
19						
18						
17						
16						
15						
14						
13						
12						
11						
10						
9						
8						
7						
6						
5						
4						
3						
2						
1						

Prospectos ——— Presentaciones ------ Cierres ·······

CONCLUSIONES

Después de veintiún años, y de haber capacitado directamente a más de un millón de vendedores en América, y a varios millones más a través de mis libros, audios y videos, me doy cuenta de que la profesión llamada ventas jamás quedará obsoleta.

Este libro no pretende motivarte, no pretende inspirarte, pretende enseñarte a cerrar y convertirte de un vendedor ordinario a un cerrador extraordinario.

He caminado las calles de Buenos Aires, Argentina, Santiago de Chile, Asunción, Paraguay, Bogotá, Colombia, San José, Costa Rica, Panamá, Panamá, y en México, las ciudades de México, Guadalajara y Monterrey, y en Estados Unidos, Chicago, Atlanta, Los Ángeles y cientos de ciudades más en mis veintiún años de carrera como instructor en ventas, y me doy cuenta que en todas esas ciudades están hambrientas las empresas buscando vendedores que sepan cerrar.

Si no aprendieras nada de este libro, sólo con que te quedes con la ECUACIÓN DEL CIERRE y lo lleves a la práctica, bienvenido al mundo de los cerradores.

Hay tres puntos que recordar:

1. Nunca subestimes el poder del hambre, y cuando sacies el hambre física, que no se te quite el hambre intelectual; sigue aprendiendo.

2. Nunca sientas lástima por ti mismo. Vendas o no vendas, visita la misma cantidad de prospectos diariamente y aunque estés cansado, pregúntate: ¿cuánto dolor soy capaz de soportar antes de marcharme? Y así te empujarás más allá de los límites ordinarios humanos.

3. Que no te dé "gerentitis ". Cuando tengas vendedores, sal tú también a vender para no perder el lustre.
Bien, campeón: ¡ahora eres un vendedor profesional!

¡Sí!, has aprendido técnicas que no cualquier vendedor

conoce, pero permíteme recordarte que en ventas no gana el que más sabe, sino el que más recuerda al estar frente al prospecto.

Así que repasa una y otra vez esta información, haz que te empiece a salir en forma de reflejo condicionado.

Será entonces y sólo entonces que tu vida cambiará y tus ingresos aumentarán. Porque la buena suerte existe y es cuando la preparación y la oportunidad se encuentran.

Trabaja como si cada día fuera el último de tu vida, y cuando el rechazo te haya tumbado la moral, pregúntate: ¿cuánto dolor puedo tolerar antes de marcharme? Porque mientras los demás duermen tú trabajarás; mientras ellos se divierten, tú planearás; mientras ellos comen, tú crearás y así es como llegarás a ser el *vendedor* afortunado que todos los demás envidiarán.

Tu amigo de siempre

Alex Dey